Karsten Prüßmann

BRAD PITT

Mit Leidenschaft und Verstand

Originalausgabe

WILHELM HEYNE VERLAG
MÜNCHEN

Heyne Filmbibliothek
Nr. 32/238

Herausgegeben von Bernhard Matt
Redaktion: Rolf Thissen

Printed in Germany 1996
Umschlagfoto: Inter Topics/LaMoine/Hamburg
Rückseitenfoto: Bildarchiv Engelmeier/München
Bildnachweis: Seite 141
Umschlaggestaltung: Atelier Ingrid Schütz, München
Herstellung: Alinea GmbH, München
Druck und Verarbeitung: Ebner Ulm

ISBN 3-453-10858-2

Für Karin

Inhalt

Brad Pitt als gutgelaunter Fliegenfischer in AUS DER MITTE ENTSPRINGT EIN FLUSS *von Robert Redford (USA 1992)*

»Die Leute fragen mich: ›Wie ist es, ein Star zu sein?‹ Dann muß ich ganz kokett und bescheiden sagen: ›Also, ich fühle mich nicht als Star.‹ Ich tue meine Arbeit, das ist alles. Man muß in erster Linie sich selbst treu bleiben. Es gibt etwas Seltsames, das ich jetzt herausgefunden habe und weshalb ich glaube, daß einige Schauspieler nicht mehr das tun, was sie eigentlich wollten. Plötzlich gibt es Menschen um einen herum, die einem weismachen wollen, daß man einen bestimmten Stellenwert hat, daß man als Kapital betrachtet wird. Man ist mehr wert, als man sich fühlt. Doch damit sagen sie dir in Wirklichkeit, daß du etwas zu verlieren hast. So handeln Schauspieler aus Angst. Sie fürchten sich davor, bestimmte Rollen zu übernehmen. Dadurch werden diese Elemente, die nichts mit der Kunstform Film zu tun haben, überbewertet. Es geht zwar auch ums Geschäft, aber das sollte niemals die Hauptsache sein.«[1] (Brad Pitt)

Vorwort: »Dreißig Minuten mit Brad Pitt«

(Das Vorwort zu diesem Buch wurde freundlicherweise von Natali Hillig geschrieben, Redakteurin der Zeitschrift *Allegra.*)[2]

»Pit Brett?« Unsere Volontärin Sabine guckt mich verständnislos an. »Wer soll denn das sein? Irgend so'n Techno-Heinzi?« Sabine, auf welchem Planeten wohnst du? Da krieg' ich von höchster Stelle die Order, nach New York zu jetten und ihn zu treffen, und du weißt nicht einmal, wer er ist, geschweige denn, daß sein Name Brad Pitt lautet. Brad Pitt. Dieses Prachtexemplar der männlichen Spezies. Dessen Konterfei mittlerweile nicht nur Millionen von Großraumbüros ziert, sondern selbst schon in Kindertagesstätten Einzug gefunden hat. Der für uns den Waschbrettbauch erfand und deutsche Männer in die Fitneßstudios treibt. Und der uns eine weitere große Gnade zuteil werden ließ: Er bewies unseren lästernden Freunden, Ehemännern und kleinen Brüdern, daß er auch schauspielern kann. Von wegen, »der Schönling hat doch nichts in der Birne.« Spätestens nach INTERVIEW MIT EINEM VAMPIR und LEGENDEN DER LEIDENSCHAFT steht fest: Wir verehrten keinen rehäugigen Poser, sondern einen wahren Künstler. Und ich – ich – darf diesen Mann treffen. Wow!
Unter lautem Klatschen einer westfälischen Seniorengruppe lande ich Freitagabend in New York. Noch schnell durch den Zoll, und dann ...! Eine pferdebeschwanzte Lady in Springerstiefeln und Militärdrillich winkt mich barsch aus der Reihe. Wahrscheinlich hält sie mich für eine religiöse Fanatikerin. Bei dem verklärten Lächeln, das ich schon seit Tagen mit mir herumtrage, kann man ihr das nicht verdenken. Mißtrauisch wühlt sich die Lady durch mein Handgepäck. Was ich denn bitteschön mit dem Aufnahmegerät zu tun gedenke? Auf diese Frage habe ich nur gewartet. Triumphierend platzt es aus mir heraus: »Brad Pitt interviewen!« Ehrfürchtiges

Schweigen. Dann verzieht sich der Mund des weiblichen Feldwebels zu einem klitzekleinen Lächeln. »That must be interesting«, beneidet sie mich und hilft mir netterweise, meine Unterhosen zurück in die Tasche zu stopfen. Ich wußte es doch: Menschen, die Brad Pitt mögen, können gar nicht ganz schlecht sein.
Samstag, 13.55 Uhr. Puddingbeinig sitze ich in Suite 422 der Nobelabsteige »Regency Hotel« und habe irgendwie dieses Kindergeburtstags-Vorfreudegefühl von damals. (Was natürlich stark übertrieben ist. Ich harre eines gebräunten Sonnyboys aus dem tiefsten Missouri. Aber lassen wir das mal ...) Die fünf Kollegen, die sich ebenfalls um den runden Tisch fläzen, geben sich cool. Morgan Freeman, so der allgemeine

So lieben ihn viele Fans: leger und langhaarig. MIT LEGENDEN DER LEIDENSCHAFT *(USA 1995) baut Brad Pitt seinen Status zum Kultstar aus.*

Tenor, sei der eigentliche Star in Pitts neuem Streifen SIEBEN, und ausschließlich deswegen sei man hier. Daß sie lügen, ist völlig klar. Dann kommt Freeman. Er ist schlagfertig, sexy und garantiert der einzige Mensch, der im lila Hemd zum caramelfarbenen Zweireiher nicht wie ein Siebziger-Jahre-Zuhälter aussieht. Mein sonst so festgefügtes Weltbild gerät bedenklich ins Wanken. Könnte die Erde zwei Mittelpunkte haben? Energisch verbiete ich mir diesen blasphemischen Gedanken. Morgan Freeman ist zweifelsohne ein toller Typ, aber – er ist eben nicht Brad Pitt.

Dann kommt er. Nicht, daß ich das gleich gemerkt hätte. Das schmale Persönchen, das in einem Troß von Walkie-Talkie-Trägern in den Raum gespült wird, hat mit dem kernigen Naturburschen meiner schlaflosen Nächte herzlich wenig bis keine Ähnlichkeit. Er ist klein, blaß und steckt zu allem Überfluß in einem deprimierend grauen Moonwash-Jogginganzug der Marke Feierabend-Manta-Fahrer. Nicht daß wir uns falsch verstehen: Brad Pitt im Lendenschurz habe selbst ich nicht erwartet. Aber so'n bißchen Waschbrettbauch – da sind die Damen am Tisch sicher meiner Meinung – hätte er doch spaßeshalber blitzen lassen können. Aber wie wir gelernt haben, sind es schließlich die inneren Werte, die zählen. Und von denen besitzt Herr Pitt eine ganze Menge. Der kleinen Chinesin, deren Fragen er nicht versteht, tätschelt er beruhigend den Arm (was ihr haßerfüllte Blicke von den Kolleginnen einbringt). Mir schenkt er ein betroffenes »Sorry«, als er versehentlich mein Aufnahmegerät zu Fall bringt. Es »menschelt« in Suite 422, und dieses kollektive Wohlgefühl haben wir eindeutig nur ihm zu verdanken. Warum er sich denn die Haare abgeschnitten hätte, will ich von Brad Pitt wissen. »Listen«, sagt er, und das sagt er immer, wenn ihm etwas besonders wichtig ist (daß er dabei am Ausschnitt seines Sweatshirts herumnestelt, bringt mich schon geringfügig aus dem Konzept): »Es war einfach mal Zeit, das Image zu wechseln. Man muß sich verändern, sonst bleibt man stehen.« Und während ich noch nach dem tieferen Sinn seiner persönlichen Message an mich grüble, guckt er mir auf einmal gerade in die Augen, und ich bin hin und weg. Wo, zum Henker, sind nur meine restlichen 39 Fragen geblieben? Irgendwo im Labyrinth meiner Hirnwindungen verschwunden. Ich gucke und gucke und kriege den Mund nicht auf. Die Kollegin zur Rechten ist weniger leicht zu beeindrucken und feuert unbekümmert los: Ob er sein Sexy-Image gezielt für

Ein heruntergekommener, kiffender Nichtsnutz in TRUE ROMANCE *(USA 1993) – Brad Pitt unrasiert und mit fettigen, langen Haaren in einer deprimierenden Rolle*

die Karriere einsetze? Das hätte sie besser nicht gefragt. Brad is not amused. Entnervt teilt er ihr mit, daß er so ein Spiel nicht spielen würde. Dieser ganze Hype um sein Aussehen – das gehöre eben zum Busineß und interessiere ihn nicht. Und als ob er uns aus der peinlichen Situation heraushelfen wollte, fügt er hinzu: »Viel schlimmer als dieses ganze Sexiest-man-alive-Gerede wäre doch, wenn es hieße: Der sieht ja aus wie Hundescheiße!« Erleichtertes Lachen, während ich mir vornehme, der unsensiblen Fragerin von vorhin noch mal ordentlich gegen das Schienbein zu treten.

Der Waschbrettbauch (in einer Szene aus KALIFORNIA)

Dann ist die halbe Stunde schon um, und die Betreuermeute saugt Brad wieder schützend in ihre Mitte.
Ob wir noch ein Starfoto machen dürfen, frage ich schüchtern Brads Agentin, eine imponierende Zweimeterfrau mit herausgewachsener Dauerwelle. Nix da. Auch gut. Meine Enkel werden also ohne den schlagenden Beweis leben müssen. Und wenn ich ganz ehrlich sein soll: So toll war er ja dann auch wieder nicht. Eher was zum Knuddeln als die volle Ladung geballten Sex. Wenn ich wieder in der Redaktion bin, muß ich fragen, ob sie Morgan Freeman kennt ...

Ein verstörter Killer: 1993 wollte Brad Pitt mit KALIFORNIA seinem Sonnyboy-Image entkommen, auch wenn er sagt, daß die Rolle des Early keinerlei Ähnlichkeit zu ihm selbst aufweise.

Einleitung

Brad Pitt wird als »James Dean der neunziger Jahre« gefeiert, was er selbst nicht für erstrebenswert hält: »Warum soll man jemandem nacheifern, der es nicht überlebt hat?«[3] Er gilt als »Hollywoods endgültiges Sex-Symbol« (*Vanity Fair*), als »The Sexiest Man Alive« (*People*) und als Frauenliebling, der inzwischen acht Millionen Dollar pro Film kassiert. Aber auch hierzu sagt er: »Sobald einem ein Etikett aufgeklebt wird, muß man es zerstören.« Er meint damit vor allem seine umfassende, vielseitige Rollenauswahl. Er spielt genausogut Killer wie Polizeidetektive, Zuhälter, Naturburschen, Penner, Westernhelden, Irre, Vampire etc. Er gehört zu einer neuen Generation von Filmschauspielern, die das sogenannte »Brat (nicht Brad) Pack«, die Jungstars Hollywoods der späten achtziger Jahre, abgelöst haben. Sie heißen heute Johnny Depp, Keanu Reeves, Ethan Hawke, Jason Priestley, Luke Perry, Antonio Banderas, Hugh Grant, um nur einige zu nennen. Wer fragt schon noch nach C. Thomas Howell, Rob Lowe, Ralph Macchio, Andrew McCarthy, Judd Nelson, Christopher Penn? (US-Schauspieler, die Meinolf Zurhorst 1988 in seinem Buch als *Die neuen Gesichter Hollywoods* portraitierte.) Es zeigt sich, daß zur Zeit keine milchbärtigen Softies und keine Jungmachos gefragt sind, sondern gutaussehende, dynamische und vielseitige Schauspieler, die einen ganzen Film tragen können und nicht nur die Teenies ansprechen.

Freilich sind aber gerade auch die Teenies Brad Pitts größte Fans. Ihre Leidenschaft, ihre Verehrung, ihre Vergötterung drückt sich auch durch die permanente Präsenz Brad Pitts in Jugendzeitschriften aus. Vielleicht hängt das auch mit der aktuellen teeniehaften Begeisterung für junge, hübsche Männer zusammen, denn Popgruppen wie *Caught in the Act* (Goldener Löwe von RTL 1995), *Take That, Bed & Breakfast* etc. idealisieren ein anschmiegsames männliches Schönheitsideal, das besonders Mädchenherzen scheinbar mühelos zum

Der »James Dean der neunziger Jahre« kann mit seinem Image als der »sexyste Mensch der Welt« nichts anfangen. Er will als Darsteller ernstgenommen werden.

Schmelzen bringt. »Ich war zusammen mit ihm zur Premiere von LEGENDEN DER LEIDENSCHAFT in Großbritannien«, erklärt der Regisseur Edward Zwick. »Wir stiegen am Leicester Square aus dem Auto aus, und dort waren Zehntausende Mädchen, die alle kreischten, als wäre Brad die Beatles.«[4] Dennoch muß betont werden, daß Hübschlinge selten bleibenden Eindruck hinterlassen, wenn es in die Jahre geht. Brad Pitt scheint hier eine Ausnahme zu bilden. Auf jeden Fall gewann er 1996 *Die größte Star-Wahl der Welt* (behauptet die Redaktion der Jugendzeitschrift *Bravo*)[5], die Ottowahl '95. 20,26 Prozent der Leser, die an der Wahl teilnahmen, wählten ihn zum »Besten Filmschauspieler«. Der »Goldene Otto« wurde ihm knapp vor Tom Hanks, aber deutlich vor Johnny Depp, Kevin Costner, Leonardo Dicapro, Keanu Reeves, Til Schweiger und Tom Cruise zuteil. We-

Brad Pitt im Jahr 1995: ein Star, der eigentlich keiner sein will. Wenn Reporter vor dem Haus campieren oder der Müll durchsucht wird, meint Brad Pitt, dann machen einen solche Störungen wohl zum Star.

Zwischen Rolle und Realität: Brad Pitt nahm für den Film KALIFORNIA (USA 1939) zehn Kilo zu. Er wollte nach AUS DER MITTE ENTSPRINGT EIN FLUSS etwas ganz Gegensätzliches spielen, obwohl ihm auch die Rolle des »Guten« angeboten worden war.

sentlich deutlicher war der erste Platz in der Wahl zum »Bestaussehenden Filmschauspieler«.
Doch Brad Pitt hat solche Attribute überhaupt nicht nötig. Seine Präsenz auf der Leinwand und sein gekonntes Spiel auch und besonders in Extremsituationen lassen keine Frage aufkommen im Hinblick darauf, daß hier eventuell durch geschickte Strategie ein gut vermarktbares Idol gestrickt wurde. Im Gegenteil: Brad Pitt überzeugt durch Leistung, indem er auch bereit ist, häßlich zu sein, grob und abstoßend. Seine Palette ist bunt, nicht schwarz-weiß. Er verkörpert Charaktere, nicht Klischees. Er selbst sagt allerdings zu seiner Schauspielerei: »Ich verstehe nicht viel von Schauspielerei. Ich weiß im Grunde gar nicht, was ich mache. Ich weiß es einfach nicht.«[6] Tom DiCillo, sein Regisseur von JOHNNY SUEDE, bezeichnet ihn als einen sehr instinktiven Schauspieler. So wirkt er auch in den meisten Rollen nicht stundenlang vorbereitet, sondern spontan, aber dadurch echt und überzeugend. Es hat den Anschein, als gehe er einfach vollständig in der Rolle auf. So brauchte etwa Tom Cruise beim Drehen von INTERVIEW MIT EINEM VAMPIR lange Proben und präzise Anweisungen, während Brad Pitt seinen Part einfach verinnerlicht hatte. Und während der Drehzeit zu KALIFORNIA, wo er einen ekelhaften Kotzbrocken und skrupellosen Killer spielt, blieb er auch nach Drehschluß privat dreckig und ungepflegt, fetthaarig und muffelnd. Deshalb ist es interessant, einen Blick auf seinen bisherigen Werdegang zu werfen und ihn weiter zu verfolgen.

Privatleben

In einem Interview hat Brad Pitt 1994 gesagt: »Ehrlich gesagt, möchte ich gar nicht, daß die Menschen etwas über mich erfahren. Ich weiß auch nichts über das Privatleben meiner Lieblingsschauspieler. Erst so werden sie für mich zu Persönlichkeiten.«[7] Da er aber selbst Interviews gegeben hat und einiges über ihn geschrieben wurde, ohne daß das Ansehen seiner Persönlichkeit gelitten hat, soll hier doch etwas über den privaten Brad Pitt preisgegeben werden.
William Bradley (»Brad«) Pitt wird am 18. Dezember 1964 in Shawnee, Oklakoma, im mittleren Süden der USA geboren. Sein Name William Pitt erinnert an die großen britischen Staatsmänner William Pitt sr. (1708–1778), der Großbritannien zu einem weltweiten Imperium inklusive Kanada verhalf, und William Pitt jr. (1759–1806), der als Großbritanniens größter Premierminister gilt und der sich erstaunlicherweise für die Rechte der katholischen Iren engagierte, die von den vorwiegend protestantischen Engländern vorher und danach brutal unterdrückt wurden.
Die Familie zieht bald nach Springfield, Missouri, im mittleren Südwesten. Sein Vater Bill arbeitet als Manager eines Transportunternehmens und ist selten zu Hause, nimmt aber

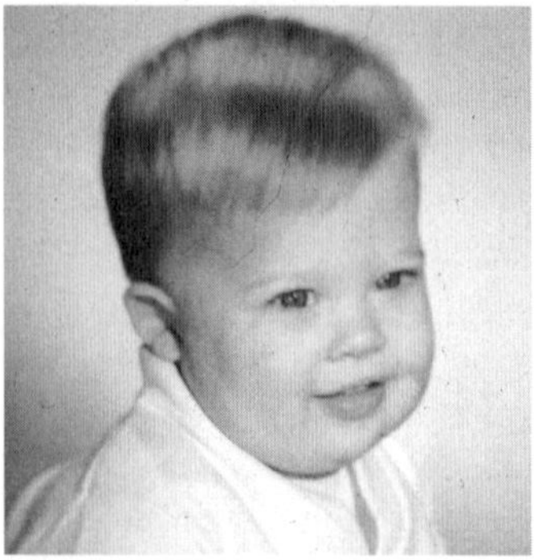

Baby Brad

Der junge Sportler sang auch im Kirchenchor

die Kinder häufig auf seine Reisen mit. Seine Mutter Jane ist in der College-Verwaltung tätig. Die beiden jüngeren Geschwister heißen Doug und Julie.
Mit sechs Jahren singt Brad im Kirchenchor der Baptistengemeinde South Haven und genießt bereits große Aufmerksamkeit. Er wird nach streng religiösen Prinzipien erzogen, von denen er sich allerdings später löst. Doch an den Gottesdiensten nimmt er als Junge regelmäßig teil, wenn auch unter Streß: »Der Pastor suchte immer jemanden aus, der das Schlußgebet vorlesen sollte. Ich bekam regelmäßig Schweißausbrüche, weil ich Angst davor hatte, daß er mich auswählt. Ich saß immer da und sagte zu mir: ›Bitte, lieber Gott, nicht ich!‹ Das war mein Schlußgebet!«[8]
Er begeistert sich als Junge sehr für Musik und Filme. Auf der High School findet er Gefallen an den Mädchen (und sie an ihm) und gibt viele Partys im Keller seines Elternhauses. Ein Mitstudent erinnert sich an die Familie: »Brad sieht aus wie sein Vater und hat die Persönlichkeit seiner Mutter. Seine Mutter ist so bodenständig, einfach eine wunderbare Frau. Sein Vater ist ein netter Kerl, aber eher zurückhaltend. AUS DER MITTE ENTSPRINGT EIN FLUSS ist fast das Spiegelbild von Brads Familie.«[9]
Brad Pitt studiert Journalismus als Hauptfach an der University of Missouri in Columbia. Er tritt der feucht-fröhlichen Bruderschaft Sigma Chi bei, wo er bei sogenannten »Spring Fling«-Veranstaltungen auch als Darsteller agiert. Gleichzeitig interessiert ihn die künstlerische Gestaltung von Werbung. Aber plötzlich überfällt ihn die Sehnsucht, seine Heimat zu verlassen und nach Kalifornien zu fahren. Er will dort in die Musikszene einsteigen. Zwei Wochen und zwei Prüfungen vor seinem Examensabschluß fällt ihm ein, daß er nach dem Studium ja wahrscheinlich im journalistischen Bereich arbeiten müsse, und daß er das auf keinen Fall will. Pitt: »Man begreift eigentlich gar nicht, daß man weggehen kann. Tja, ich weiß auch nicht, die meisten Leute gehen eben nicht weg. Kurz vor meinem Examen dämmerte es mir aber – ›Ich kann doch hier weg.‹ Es erschien mir so einfach, so leicht. Du

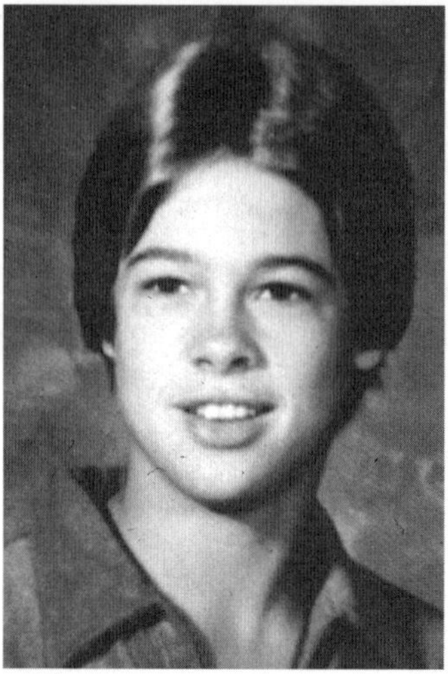

»Er sieht aus wie sein Vater«

Ein junger, hoffnunfsvoller Schauspieler am Beginn seiner Karriere

packst deine Karre voll und verschwindest. Und die Welt ist offen für dich.«[10]

Also packt er seinen Nissan »Runaround Sue« mit seinen sieben Sachen und fährt mit nur 325 Dollar im Gepäck nach Hollywood. (Laut der französischen Filmzeitschrift *Premiere* war es ein Datsun.[11]) »Es war eine solche Erlösung... Ich weiß noch, wie aufgeregt ich war, als ich immer wieder neue Bundesstaaten-Grenzen überquerte. Ich kam über Burbank nach Kalifornien. Der Smog war so dicht, daß er wie Nebel aussah. Ich hielt an und ging zu McDonald's. Ich dachte, soll das alles sein?«[12]

Seinen Eltern erzählt er, er würde in Pasadena am »Art Center College of Design« Kunst studieren. Doch in Wirklichkeit teilt er sich in Los Angeles ein Apartment mit einem Mitbewohner (Buck Simmons). Die Hunde Deacon, Earl und Maggie gehören ebenfalls zur WG. Da die Musikwelt ihn nicht braucht, versucht er, sich durch diverse Jobs über Wasser zu halten. So fährt er Striperinnen zu ihren Auftritten, transportiert Kühlschränke für Studenten oder steht in

einem Hühnerkostüm vor dem Fast-Food-Restaurant »El Pollo Loco« und animiert vorbeifahrende Autofahrer, Hühnchen zu kaufen. »Damals war das alles ganz schön aufregend. Aber heute möchte ich nicht mehr dahin zurück und so etwas tun. Doch auf dem Boden schlafe ich auch heute noch«[13], sagt er 1992 in einem Interview.
Bei seiner Suche nach diversen Jobs erhält er auch die Stelle eines Chauffeurs. Seine Auftraggeberin schlägt ihm vor, es doch mit der Schauspielerei zu versuchen. Durch ihre Emp-

Brad Pitt ist ein Hundenarr und besitzt heute drei Hunde. Hier ist einer davon.

fehlung kann er bei dem renommierten Schauspiellehrer Roy London Unterricht nehmen. Während der Ausbildung wird er von einer Mitschülerin gebeten, als Partner bei einem Vorsprechen vor einem Agenten mitzuhelfen. Er war also nur der Stichwortgeber bei diesem Vorsprechen, doch am Schluß erhielt *er* den Vertrag. So findet Brad Pitt mit Glück einen Agenten, der ihm eine Statistenrolle in LESS THAN ZERO (USA 1987) ergattern kann. Die Rolle ist allerdings so klein, daß der Zuschauer ihn verpaßt, wenn er für Bruchteile von Sekunden die Augenlider schließt. Es folgt ein Abstecher nach New York City, wo er in der täglichen Soap-Opera »Another World« mitwirkt.

Partnerinnen

Brad Pitt gilt in seinen Beziehungen zu Frauen als wechselhaft. Ihm wird nachgesagt, er entwickle stets ein Faible für seine jeweilige Filmpartnerin. (Das ist zwar seine Privatsache, aber es steht überall zu lesen.) 1988 ist seine Freundin, die Schauspielerin Shalane McCall, seine Partnerin aus »Dallas«. Dann schließt sich eine Beziehung zu Mike Tysons Ex-Frau Robin Givens an. Es folgt Jill Schoelen, Partnerin aus TODESPARTY II (CUTTING GLASS). 1989 sucht er sich die britische Schauspielerin Linda Davis als Partnerin aus. Drei Jahre dauert seine Beziehung zu Juliette Lewis, seiner Partnerin in dem Fernsehfilm »Too Young To Die?« (USA 1990), die damals erst 16 war, während Brad Pitt 23 ist. Dazwischen soll allerdings ein Techtelmechtel mit Geena Davis aus THELMA & LOUISE stattgefunden haben.
Ausgerechnet unmittelbar nach den gemeinsamen Dreharbeiten mit Juliette Lewis zu KALIFORNIA (USA 1993) trennen sich die beiden, was für die Publicity-Abteilung, die den Film vermarktet, einer Katastrophe gleichkommt. Die Trennung ausgerechnet zu diesem Zeitpunkt, so ein Marketing-Verantwortlicher, »machte das Leben zur Hölle. Die beste Marketingvoraussetzung wurde plötzlich null und nichtig.«[14]
Zwar betont Brad Pitt, daß er Juliette immer noch liebe, aber daß der Alltag keine Bedeutung mehr hatte. Juliette sagt, sie sei gerade durch den Alltag zu einem bodenständigen Verhalten gekommen, das sie vorher nie gelebt hat. (Mit der Trennung wird Johnny Depp in Verbindung gebracht. Man beachte die Initialen J. D., Brad Pitts Rollenname in THELMA & LOUISE.)
Nach der Trennung wird von einer Beziehung zur Engländerin Julia Ormond gesprochen, seiner Partnerin in Legenden der Leidenschaft. Sie sagt über ihn: »Ich glaube, Brad hat etwas ganz Spezielles. Trotz der Tatsache, daß er unheimlich hinreißend ist, tut er dies mit einem Achselzucken ab. Er ist überhaupt nicht selbstbezogen, sondern er geht sehr stark

Mit Julia Ormond in LEGENDEN DER LEIDENSCHAFT

auf andere Menschen ein – auf eine nette Art.«[15] Es folgt eine Beziehung zur jungen Schauspielerin Jitka Poholdek.
Danach ist er mit Gwyneth Paltrow liiert, seiner hübschen Filmpartnerin aus SIEBEN (SEVEN, USA 1995), eigentlich äußerlich das Gegenteil von Langzeitpartnerin Juliette Lewis. Sie ist die Tochter der Schauspielerin Blythe Danner (die man unter anderem in FUTUREWORLD, USA 1976, sah) und des Fernsehproduzenten Bruce Paltrow. Gwyneth ist zwar auch wesentlich jünger als Brad Pitt, doch der sieht dies sowieso gelassen: »Ich halte das Alter nicht für relevant. Man muß unter die Oberfläche schauen, nicht wahr. Unterschiedliche Menschen entwickeln sich auch mit einem unterschiedlichen Tempo.«[16] Gwyneth Paltrow sagt über Brad Pitt: »Brad ist süß und sanft. Ein Gentleman durch und durch.«[17]
Seit geraumer Zeit ist Brad Pitt nicht nur Liebling der Fans, sondern auch Freiwild für die Linsen der Paparazzi, die ihm selbst in den Urlaub folgen. Freizügige, illegale Fotos von ihm und seiner Freundin Gwyneth beim nackten Sonnenbaden

Mit der amerikanischen Schauspielerin Gwyneth Paltrow bei der Premiere von LEGENDEN DER LEIDENSCHAFT

während ihres gemeinsamen Urlaubs in Saint Bart wurden nicht nur in der »Yellow Press« veröffentlicht, sondern sogar in die internationalen Computernetze eingespeist, so daß jeder über PC Zugang dazu hat. Brad Pitt sagt dazu nur, daß er nicht verstehen kann, warum Menschen damit ihre Zeit vergeuden. Ein Freund vom ihm sagt: »Er haßt das Interesse an ihm. Im wirklichen Leben ist er ein total normaler Typ.«[18]
Der Regisseur Ed Zwick versucht, Brad Pitt zu charakterisieren: »Brad ist einer von jenen seltenen Schauspielern, die eine ganz eigenständige Persönlichkeit haben. Ich meine

damit, daß er sich wohl fühlt in seiner Haut. Gerade vor der Kamera tun das nur wenige. Aber er hat großes Selbstvertrauen; er hat keine Probleme mit seiner Sensibilität und auch nicht damit, über sich selbst zu lachen. Das ist etwas, was die Kamera gleich erfaßt.«[19]
Brad Pitts Gesicht ist von Narben geziert. Eine davon, in Höhe des Wangenknochens, hat er sich beim Baseball-Spiel zugezogen. Stolz erzählt er: »Es war ein hoher Flugball, den ich beim Blick gegen die Sonne aus den Augen verlor. Ich habe den Spieler aber trotzdem noch an der zweiten Base aus geworfen, nachdem der Ball in meinem Gesicht gelandet war. Und diese stammt von einer durchzechten Nacht. – Ich weiß nicht, ob ich durchzechte Nacht sagen soll. Wenn meine Eltern das lesen!«[20]
Inzwischen hat Brad Pitt sich ein mehr als 24 000 Ar großes Grundstück auf dem Ozark-Plateau in Missouri gekauft, auf dem er ein selbstkonstruiertes Haus bauen möchte, in dem große Familientreffen abgehalten werden können. Auch wenn er seinen strengen baptistischen Glauben, in dem er erzogen wurde, inzwischen abgelegt hat, nennt er seine Eltern immer noch die »bedeutendsten Vorbilder meines Lebens«.
Seine Schwester Julie (geboren 1969) und sein Bruder Doug (geboren 1966) sind in Springfield/Missouri geblieben und haben dort Familien. Julie sagt über ihre Geschwister: »Ich habe meine beiden Brüder immer bewundert. Ich hielt sie einfach für das Größte, was es je gegeben hat. Doug und Brad kommen wirklich gut miteinander aus. Unsere Familie war so eng verbunden, daß sie uns sehr viel Sicherheit gab. Ich glaube, das ermöglichte Brad, sich als Schauspieler zu versuchen. Manchmal kann ich noch gar nicht glauben, daß dieser Junge aus Springfield es geschafft hat, doch Brad war immer erfolgreich in allem, was er angepackt hat. Und er konnte immer gut mit Menschen umgehen.«[21]
Inzwischen wohnt Brad Pitt aber lieber zurückgezogen in den Bergen von Hollywood. Er kaufte dort ein 30-Zimmer-Anwesen von der zweitklassigen Schauspielerin Elvira. Es soll auch dem früheren Manager von Jimi Hendrix gehört

Wer sind die beiden (unbekannten) Damen neben Brad Pitt?

haben. Seine Hunde heißen inzwischen Deacon, Todd Porter, Saudi und Purty. Die US-Zeitschrift *Cosmopolitan* veröffentlichte 1995 noch weitere Details aus seinem Privatleben: Er hänge gerne mit Homosexuellen in Schwulen-Bars herum. Eine gute Freundin von ihm, die lesbische Rock-Sängerin Melissa Etheridge, habe jedoch gesagt, daß Brad Pitt eine homosexuelle Frau durchaus umstimmen könnte. Er würde nie den Abwasch machen und seine Klamotten überall herumliegen lassen. Er habe Katzen, Chamäleons und Hunde, die durch alle Räume laufen würden. Er sammle Antiquitäten, Tiffany-Lampen und Orsini-Vasen und würde sein Geld zum Ausgeben benutzen.

Hier noch einige Angaben über Brad Pitts Vorlieben:
Lieblingsfilm: PLANET DER AFFEN (PLANET OF THE APES) USA 1967; Regie: Franklin J. Schaffner.
Lieblingsfilmschauspieler: Robert De Niro, Dustin Hoffman, Sean Penn, Paul Newman, Robert Redford.

Lieblingsschauspielerin: Dianne Wiest. (Für Brad Pitt verkörpert sie eine menschliche Schönheit, und damit hat er auch recht.)
Lieblingsbuch: *All the Pretty Horses* von Cormac McCarthy.
Lieblingsfernsehserie: »Baywatch«.
Lieblingsmusiker: Bob Marley, Jimi Hendrix, Gipsy Kings, Stone Temple Pilots, Sade (In SIEBEN/SEVEN liest Brad Pitt etwas über den ihm scheinbar unbekannten Marquis de Sade vor. Er spricht ihn wie die Sängerin Sade – Marquis de »Schadee« aus).
Lieblingsessen: »Toaster Strudel«, Pizza.[22]

In Denkerpose mit schmachtendem Blick: So läßt sich Brad Pitt gern ablichten.

Die Fernseh- und Filmarbeit

Zur Vorbereitung auf seine Rollen in Film und Fernsehen sagt Brad Pitt: »Viele Schauspieler stellen sich seltsam dabei an. Die meisten von uns sind sowieso verrückt. Teilweise analysieren wir die Rolle, teils bereiten wir uns vor. Ich schmeiße meist den größten Teil davon wieder aus dem Fenster. Wenn man am Drehort ist, folgt man doch seinem Instinkt, seinen Impulsen. Du bist vollgestopft mit all den Theorien über deine Figur, doch ich verstehe sie eigentlich erst, wenn ich den fertigen Film sehe. Dann sage ich: ›Ach ja, darum ging es eigentlich. So einer war er.‹«[23]

Levi's 501

Brad Pitts Start im Show-Busineß ging in die Hose, aber im wörtlichen und Po-sitiven Sinn. Ein kurzer Werbespot des klassischen Jeans-Herstellers Levi's machte ihn gleich einer breiten Öffentlichkeit bekannt. Der Spot wurde auch im Kino gezeigt. Nach Angaben von Levi's/Deutschland wurde er nur für Europa produziert. Im Spot verläßt Brad Pitt das Gefängnis. In Unterhosen holt er sich seine Sachen ab. Vor dem Tor ist nur die weite Wüste, aber auch seine Freundin in einem großen, alten Cabrio. Sie schmeißt ihm eine Jeans zu. Und gemeinsam fahren sie in die Ferne. Der Spot erinnert an eine Szene aus WILD AT HEART von David Lynch. Darin spielen Nicolas Cage und Laura Dern eine ähnliche Szene. Somit wird die Jeans als der Ausdruck der Freiheit gefeiert. Weitere Werbespots drehte Brad Pitt für Kellogg's.

UNTER NULL

(LESS THAN ZERO) USA 1987; *Regie:* Marek Kanievska; *Buch:* Harley Peyton nach dem Roman von Bret Easton Ellis; *Ka-*

Levi's 501 Jeans-Werbespot mit Brad Pitt am Anfang seiner Karriere. Eine Szene aus David Lynchs Film WILD AT HEART *diente als Vorlage.*

mera: Edward Lachman; *Musik:* Thomas Newman; *Überwachung:* Rick Rubin; *Songs:* The Bangles, Poison, Aerosmith, Slayer, Joan Jett & the Blackhearts, Public Enemy, The Black Flames, L.L. Cool J., Oran »Juice« Jones and Allyson Williams, Glen Danzig and The Power and Fury Orchestra, Roy Orbison, Manu Dibango, Count Five, Run-DMC, David Lee Roth, Red Hot Chilli Peppers, The Cult, Linton Kwesi Johnson, The Doors, Jimi Hendrix; *Schnitt:* Peter E. Berger, Michael Tronich; *Production Design:* Barbara Ling; Bauten: Stephen Rice; *Ausstattung:* Barbara Lang; *Kostüme:* Richard Hornung; *Special Effects*: Dan Lester; *Casting:* David Rubin; *Produzenten:* Jon Avnet, Jordan Kerner; *Produktion:* Twentieth Century Fox in Zusammenarbeit mit Amercent Films und American Entertainment Partners; *Länge:* 100 Min.; *FSK:* ab 16, feiertagsfrei; *Kinostart:* 28.4.1988; *Verleih:* Twentieth Century Fox.
Darsteller: Andrew McCarthy (Clay), Robert Downey jr. (Julian), Jami Gertz (Blair), James Spader (Rip), Tony Bill

Frühes Porträt von Brad Pitt, auf dem man deutlich die Narbe erkennt, die ein harter Baseball relativ dicht unter dem linken Auge verursacht hat.

(Bradford Easton), Nicholas Pryor, Donna Mitchell, Michael Bowen, Brad Pitt.
Deutsche Synchronschauspieler: Torsten Sense (Andrew McCarthy), Ulrike Möckel (Jamie Gertz), Tobias Meister (Robert Downey jr.), Benjamin Völz (James Spader), Michael Christian (Tony Bill).

INHALT: »Die Mühsal der reichen Leute in Beverly Hills: Den Mangel an elterlicher Liebe und an Lebenserfüllung betäuben die geschleckten Finanzsprößlinge während ausgelassener Club-Nächte mit Alkohol und Drogen. Marek Kanievskas Film hat sich ganz der kühlen, synthetischen Äußerlichkeit dieser konsumgierigen Schickeria verschrieben und kreist mit einer ausgesuchten bildlichen Ästhetik den schönen Schein ein, in dem die Figuren bis in den Tod gefangen bleiben: Sie sterben bei betörendem Sonnenaufgang, ohne je richtig gelebt zu haben.«[24]

ZUM FILM: Im Mittelpunkt stehen die drei Freunde Clay, Blair und Julian, die gemeinsam auf dem College waren. Besonders Robert Downey jr. und Jami Gertz können in diesem etwas überstilisierten Film überzeugen. Der Film war 1987 durch seine bewußte Werbespot- und Videoclip-Ästhetik seiner Zeit vielleicht etwas voraus. Heute, wo man zum Beispiel weiß, daß River Phoenix durch Drogen starb und daß Drew Barrymore mit 13 schon drogensüchtig war, hat dieser Film seinen Stellenwert vergrößert. Die Vorbereitungen schlossen auch wochenlange Recherchen in den Clubs von Los Angeles und speziell Beverly Hills ein, wo eine eigene Szene entstanden ist, in der wohlhabende Jugendliche eigentlich nur für diese Clubs leben und die Nacht zum Tage machen, weil ihnen ein anderer Lebensinhalt fehlt.
Brad Pitt steht nicht einmal auf der Besetzungsliste, auf der 33 Darsteller benannt werden. Als Statist tritt er nicht groß in Erscheinung.

Ein Starfoto aus jungen Jahren

Der Engländer Marek Kanievska (ANOTHER COUNTRY) drehte den Film nach dem vielbeachteten Bestseller von Bret Easton Willis in den USA. Der Autor schrieb den Roman im Alter von 23 Jahren. Genau so alt wurde Brad Pitt im Herstellungsjahr des Films.

Another World

US-TV-Serie. Für kurze Zeit wirkte Brad Pitt in der in New York produzierten, jeweils einstündigen Soap Opera »Another World« mit. Die Serie gibt es seit 1963. Sie wird vom Sender NBC hergestellt. Für Brad Pitt stellte jedoch nicht die Rolle, sondern vielmehr New York eine Herausforderung dar. Es war für ihn ein interessantes Erlebnis, die Stadt zu entdecken, so daß es ihn nicht sonderlich schmerzte, als seine Rolle nach kurzer Zeit wieder aus der Serie gestrichen wurde.

Dallas

US-TV-Serie. 1987 stellte sich Brad Pitt für eine Rolle in der TV-Serie »Our House« vor, die zwar neu konzipiert, aber dann doch nicht produziert wurde. Aber bei dieser Gelegenheit reichte man ihn gleich weiter an die Besetzungsabteilung der großen TV-Serie »Dallas«, die es bereits seit 1978 gab. Dort wurde er vom Fleck weg für die Rolle des Randy engagiert, des Freundes von Charlie Wade, die von Shalane McCall gespielt wurde. Shalane spielte die Tochter von Priscilla Presley, doch diese entschloß sich 1987, aus der erfolgloser werdenden Serie auszusteigen. So starb nach nur fünf Folgen auch die Figur Randy. Trotzdem war Brad Pitt durch sein Erscheinen in der Serie einem weltweiten Publikum bekannt geworden.
Weitere TV-Gastrollen spielte Brad Pitt in: »Growing Pains«, »21 Jump Street«, »Head of the Class«, »Trial and Error«, »Thirtysomething«, »Tales from the Crypt«.

TODESPARTY II

(CUTTING GLASS) USA 1989; *Regie:* Rospo Pallenberg; *Buch:* Steve Slavkin; *Kamera:* Avi Karpick; *Musik:* Jill Fraser; *Schnitt:* Nathan Zahavi; *Produktion:* Rudy Cohen für April Films; *Originallänge:* 91 Min.; *Videolänge:* 85 Min.; *TV-Länge:* 82 Min.; Farbe; *FSK:* ab 16; Videostart: 28.5.1990; *Videoanbieter:* Lightning Video.
Darsteller: Donovan Leitch (Brian Woods), Roddy McDowall (Direktor Dr. Dunte), Jill Schoelen (Paula Carson), Martin Mull (Paulas Vater William Carson), Brad Pitt (Dwight Ingalls), Brenda Lynn Klemme (Colleen), Mark Barnet, Robert Glaudini, Eric Boles.

INHALT: Paula studiert am College. Ihr Mitstudent Dwight ist ihr Freund. Er ist sehr attraktiv, hat aber auch seine Macken. Nach einer mehrjährigen Behandlung in einer Nervenheilanstalt kommt der labile Brian zurück auf das College. Die Studenten machen einen Bogen um ihn, denn er wirkt seltsam. Paula zeigt jedoch Interesse für den Außenseiter. Sie versucht, Verständnis für ihn aufzubringen, was Dwight weniger gerne sieht. Zwar versucht Brian, auch zu Dwight eine Beziehung aufzubauen, doch der bleibt distanziert. Dwight merkt auch, wie sehr Brian sich zu seiner Freundin Paula hingezogen fühlt. Aber er versucht, Distanz zu halten.
Als plötzlich zwei Schülerinnen verschwinden, wird gleich Brian verdächtigt. Doch beweisen kann man ihm nichts. Schließlich wird auch noch eine Lehrerin ermordet. Brian käme wieder in Frage, da er von ihr gemaßregelt wurde. Doch auch Dwight mußte sich von ihr anraunzen lassen. Und Dwight haßt Lehrer. Ganz oben auf der Liste steht sein herrischer Sportlehrer. Der wird beim Einzeltraining im Trampolinspringen mit einer Fahnenstange durchbohrt.
Die Indizien deuten nun erst einmal auf Dwight. Auch Paula hat jetzt Angst vor ihm. Schließlich stellt sich dann doch heraus, daß Brian der wahre Mörder ist, der – immer noch geisteskrank – aus Liebe zu Paula die Morde begangen hat. Im

Brad Pitt als College-Student in TODESPARTY II

Werksaal des Colleges kommt er zur großen Auseinandersetzung mit Winkelschleifer und Bohrmaschine, bis Paula Brian ein Beil in den Schädel rammt.

ZUM FILM: Regisseur Rospo Pallenberg erarbeitete zusammen mit dem englischen Regisseur John Boorman die Drehbücher zu den herausragenden Filmen EXCALIBUR (USA 1981) und DER SMARAGDWALD/THE EMERALD (GB 1985). Doch mit dieser Regiearbeit hat sich Pallenberg meilenweit von Boorman entfernt. Er liefert nur eine mäßige, um nicht zu sagen schlechte Leistung als Regisseur eines noch viel mäßigeren Filmes ab. Der Film wirkt billig und ohne eigene Ideen. Hatte sich Pallenberg vorher dem Magischen und Mystischen verschrieben, bleibt er hier auf einer primitiven Horrorebene.

Todesparty II (USA 1989)

Todesparty II (Cutting Glass) ist ein Titel, der dem Original Cutting Glass in keiner Weise entspricht. Brad Pitt macht zumindest einen ordentlichen Eindruck, aber das Buch bietet ihm kaum Entfaltungsmöglichkeiten. Zumindest läßt er in Ansätzen schon erkennen, daß sein Darstellungsstil ausbaufähig ist. Er spielt sehr selbstbewußt und läßt erkennen, daß er über eine ausdrucksstarke und prägende Persönlichkeit verfügt.
Der Film lief am 6.2.1996 auf RTL 2. Er wies krasse, deutlich erkennbare Schnitte auf, wenn sich äußerst brutale Szenen andeuteten. Daher sind auch die unterschiedlichen Längenangaben zu erklären. Die Schnitte sind »mit der Brechstange« vollzogen worden und deutlich erkennbar, denn die Musikuntermalung wird brachial unterbrochen. Horror-Puristen sind in dieser Frage sehr empfindlich, wie man oft Leserbriefen entnehmen kann. Aber andererseits muß ja auch die Spaltung eines Schädels per Beil durch Kommerzsender keine europaweite Verbreitung finden.

KRITIKEN:

»Überdurchschnittlicher Mörder-Film, der in der High School angesiedelt ist ... Die spannende Handlung ist wesentlich gewissenhafter herausgearbeitet worden als bei den meisten Bemühungen in diesem Genre.«[25] *(Movies on TV and Videocassette)*

»Horrorfilm nach bewährtem Muster. Langweilig.«[26] *(Gong)*

»...Stereotyper Slasher, der allenfalls in seinen Mordsequenzen etwas Einfallsreichtum beweist.«[27] *(Filmjahrbuch 1991)*

Brad Pitt selbst sagt: »Schlimmer, schlechter Horrorfilm, der es wohl kaum zur Ausstrahlung nach Mitternacht auf einem Kabelsender bringen wird.«[28] *(TV & Movie Screen/Tiger Beat)*

Glory Days
TV-Serie (USA 1990); *Produktion:* Patrick Hasburgh Productions für Orion/Fox TV.

Sechsteilige Fernsehserie um eine Gruppe von College-Freunden, die nach ihren Abschlüssen unterschiedliche Berufe ausüben, aber nach wie vor befreundet bleiben und sich gegenseitig helfen. Brad Pitt spielt den Zeitungsreporter Walker, der als verantwortungsbewußter Journalist bei der Zeitung *The Century Post* arbeitet. Die kurzlebige Serie ist auf ein jugendliches Publikum zugeschnitten.
Der Privatsender »Super RTL« zeigte die sechs Folgen synchronisiert im Freitagabend-Programm ab Januar 1996. Die ersten Folgen hießen »Über Umwege auf Abwege«, »Knallt die Bullen ab«, »Der falsche Verdacht«, »Verführung Minderjähriger«, »Eine Nummer zu groß«.
Ein Detail am Rande: Brad Pitt trägt in der Mini-Serie gerne ein Sweat-Shirt mit der Aufschrift »Missouri«, seinem Hei-

Als Zeitungsreporter: Brad Pitt in ›Glory Days‹

matstaat. Eine Grundtendenz der Serie besteht darin herauszustreichen, daß Freundschaften über einen Hochschulabschluß hinaus halten und gepflegt werden, selbst wenn die Freunde schließlich in völlig unterschiedlichen Bereichen arbeiten und auch die seltsamsten Eigenarten und Interessen entwickeln.

The Image
Fernsehfilm (USA 1990); *Produktion:* HBO; *Regie:* Peter Werner; *Länge:* 89 Min; Farbe.
Darsteller: Albert Finney, John Mahoney, Kathy Baker, Swoosie Kurtz, Marsha Mason, Wendy Joe Sperber, Spalding Gray, David Clennon, Brad Pitt.

Gut bewerteter, stark besetzter, für das US-Kabelfernsehen gedrehter Film über den Einschaltquotenwahn der Privatsender in den USA. Aber leider für keinen deutschen Verleiher oder TV-Sender interessant genug. Besonders Albert Finneys grandiose Leistung wurde positiv hervorgehoben.

Too Young To Die?

Fernsehfilm (USA 1990); *Regie:* Robert Markowitz; *Produktion:* NBC-TV; Länge: 96 Min.; Farbe.

Darsteller: Juliette Lewis (Amanda), Michael Tucker (Rechtsanwalt), Brad Pitt (Billy), Michael O'Keefe, Yvette Hayden, Emily Longstreth.

Billy beutet die Teenagerin Amanda aus, indem er ihr Drogen verabreicht, sie auf den Strich schickt und dazu noch verprügelt und ihr androht, sie zu töten.

»Eine deprimierende, aber überzeugende Geschichte eines fünfzehnjährigen Mädchens, das von ihrer Familie verstoßen wurde und gezwungen ist, auf der Straße zu leben, was sie schließlich in den Tod treibt. Tucker gibt eine starke Leistung als ihr Anwalt ab ..., aber die besten Leistungen zeigen die jungen Stars Juliette Lewis und Brad Pitt.«[29]

Juliette Lewis und Brad Pitt sind nach den Dreharbeiten privat für drei Jahre ein Paar.

JOHNNY SUEDE

(JOHNNY SUEDE) USA/Schweiz/Frankreich 1991; *Regie:* Tom DiCillo; *Buch:* Tom DiCillo; *Kamera:* Joe DeSalvo; *Musik:* Jim Farmer; *Schnitt:* Geraldine Peroni; *Production Design:* Patricia Woodbridge; *Bauten:* Laura Brock; *Kostüme:* Jessica Haston; *Produzenten:* Ruth Waldburger, Yoram Mandel; *Produktion:* Artificial Eye, Vega/Balthazar/Starr/Arena; *Länge:* 97 Min.; Farbe.

Darsteller: Brad Pitt (Johnny Suede), Alison Moir (Darlette), Tina Louise (Mrs. Fontaine), Calvin Levels (Deke), Catherine Keener (Yvonne), Nick Cave (Freak Storm), Samuel L. Jackson (B-Bop), Ralph Marrero (Barman), Wilfredo Gio-

Mächtige Tolle: Brad Pitt in JOHNNY SUEDE

vanni Clark (Slick), Peter McRobbie (Flip Doubt), Ron Vawter (Winston), Dennis Parlato (Dalton), Michael Mulheren (Fred Business), Wayne Maugans (Ned Business), Joseph Barry (The Cowboy), John David Barone (Bernard), Tom Jarmusch (Conan), Evelyn Solan (Alte Frau), Ashley Gardner (Ellen), Ahmed Ben Larby (Taxifahrer).

Regiepreis für Tom DiCillo beim Filmfestival Locarno 1992 (Goldener Leopard).

INHALT: Johnny Suede, ein unbeschäftigter, orientierungsloser, junger Heranwachsender mit einer riesigen Haarlocke hat ein Idol: Ricky Nelson, den Rock'n'Roll- und Country-Sänger aus den 60er Jahren, der früh verstarb. Vom Outfit her hat er das Zeug dazu, in dessen Fußstapfen zu treten. Ihm fehlen lediglich die richtigen Schuhe. Als er in einer öffentlichen Telefonzelle telefoniert, fällt plötzlich ein Paar Wildleder(Suede)-Schuhe auf das Dach des Telefonhäuschens. Johnny sieht das als Wink des Schicksals. Er zieht die Schuhe an und versucht, ein Rock-Star zu werden.

Mit Alison Moir in JOHNNY SUEDE

ZUM FILM: Der surrealistisch angehauchte Film ist stilistisch angelehnt an die frühen Werke von Regisseur Jim Jarmush, für den Regisseur Tom DiCillo einst die Kamera geführt hat. JOHNNY SUEDE hat leider nicht den Weg auf deutsche Leinwände oder Bildschirme gefunden.
Regisseur Tom DiCillo sagt über Brad Pitt: »Brad ist ein sehr instinktiver Schauspieler. Viele Darsteller geben ständig nur heiße Luft von sich, doch in ihn kann man geradezu hineinsehen. Ich glaube, er wird es weit bringen.«[30]
In einer Szene pinkelt Brad Pitt in eine leere Flasche. In Wirklichkeit hat er vor der Kamera nur so getan. Aber dann meldete sich der Tonmann und sagte, daß er das dazugehörige Geräusch brauche. Also erklärte Brad Pitt sich bereit, es doch echt zu tun. Regisseur DiCillo: »Ungefähr 50 Leute vom Team standen dabei und eine Ton-Assistentin mit ihrem Mikro gleich an der Flasche. Und Brad öffnete seine Hose und pißte 25 Sekunden lang hinein.« Perfektionist Brad Pitt: »Ich habe trotzdem nicht das Geräusch erzielt, das ich wollte.«[31]

KRITIKEN:

»Diese surrealistische Fabel von Tom DiCillo, dem Kameramann (von Regisseur Jim Jarmush, Anm.d.A.), der zum Regisseur wurde, versucht verzweifelt, modern zu sein. Das gelingt manchmal, aber viel häufiger kollabiert der Film unter dem Gewicht seiner eigenen Absurdität ... Es ist nur Brad Pitts Darstellungsleistung, die den Film bis zum Schluß sehenswert macht. Pitt hat sicherlich die Ausstrahlungskraft eines Film-Idols, doch er demonstriert auch Verwundbarkeit und Irritation, die seinen Charakter ausmachen. DiCillo findet auch Verwendung für Pitts komische Seiten ..., z. B. als Catherine Keener ihn in die weibliche Physiognomie einführt. Trotzdem können solche Momente die schwache

Surrealistische Fabel: JOHNNY SUEDE

Handlung nicht wettmachen. Hauptproblem ist, daß Johnny eigentlich total passiv ist. Er wird durch die Story hindurchgeschleift, ohne daß er zurückschlägt oder sich selbst in Konflikte einmischt ... Der Film ist eigentlich ein billiger Abklatsch von Martin Scorseses DIE ZEIT NACH MITTERNACHT/AFTER HOURS, Jonathan Demmes GEFÄHRLICHE FREUNDSCHAFT/SOMETHING WILD und David Lynchs BLUE VELVET.«[32] *(Baseline's Motion Picture Guide Review)*

»... Nur Fans von Kultfilmen und frühreife Freaks werden sich dafür interessieren.«[33] *(Video Movie Guide 1995)*

THELMA & LOUISE

(THELMA & LOUISE) USA 1991; *Regie:* Ridley Scott; *Buch:* Callie Khouri; *Kamera:* Adrian Biddle (Panavision); *Musik:* Hans Zimmer; *Songs:* Glenn Frey, Van Morrison, Toni Childs, Charlie Sexton; *Gitarrensolo:* Pete Haycock; *Schnitt:* Thom Noble; Production *Design:* Norris Spencer; *Bauten:* Lisa Dean; *Ausstattung:* Mary Margaret Robinson, Anne Ahrens, Craig Graham; *Kostüme:* Elizabeth McBride; Stunts: Bobby Bass; *Produzenten:* Ridley Scott, Mimi Polk; *Produktion:* Percy Main für Metro Goldwyn Mayer in Zusammenarbeit mit Start Partners III Ltd. und Pathé Entertainment; *Länge:* 129 Min.; Farbe; *FSK:* ab 16, feiertagsfrei; *Kinostart:* 24.10.1991; *Verleih:* Tobis; *Videoanbieter:* Metro Goldwyn Mayer/United Artists Home Video, Schauinsland Herne; *Originalfassung:* Verlag Herbstreuth Stuttgart, Schauinsland Herne.

Darsteller: Susan Sarandon (Louise), Geena Davis (Thelma), Harvey Keitel (Hal), Michael Madsen (Jimmy), Christopher McDonald (Darryl), Stephen Tobolowsky (Max), Brad Pitt (J. D.), Timothy Carhart (Harlan), Lucinda Jenney (Kellnerin Lena), Jason Beghe (State Trooper), Sonny Carl Davis (Albert), Ken Swofford (Bürgermeister), Shelly Desai (East Indian Hotel-Angestellte), Carol Mansell (Kellnerin), Stephen Polk (Wachmann), Rob Roy Fitzgerald (Polizist), Jack Lin-

Mit Geena Davis in THELMA & LOUISE

dine (I. D. Techniker), Michael Delman (Silver Bullet Tänzer), Kristel L. Rose (Rauchendes Mädchen), Noel Walcott (Mountain-Bike-Fahrer).

»Oscar«-Nominierungen für Susan Sarandon und Geena Davis sowie für Regie, Kamera und Schnitt. »Oscar« für das beste Original-Drehbuch für Callie Khouri. Außerdem: »Goldene Ähre« beim Filmfestival in Valladolid (Spanien).

INHALT: Thelma, gelangweilte Frau eines spießigen Machos, und Louise, Fast-Food-Ketten-Angestellte mit Freund, verlassen für ein Wochenende ihre eingeengte Welt und fahren ohne ihre Männer mit Louises Thunderbird-Cabrio los. Unterwegs kehren sie in einem Drive-in-Lokal ein und trinken einiges. Thelma trinkt sogar ein wenig zuviel. Sie wird von einem Lokalbesucher nicht nur angemacht, sondern dieser versucht sie außerhalb des Lokals zu vergewaltigen. Im letzten Moment stößt Thelma dazu und erschießt den Vergewaltiger.

Brad Pitt als J. D.

Von diesem Moment an sind die beiden auf der Flucht. Sie sind in einem Ausnahmezustand. Unterwegs nehmen sie den jungen Tramper J. D. mit. Dieser genießt das Vergnügen, mit Thelma im Motel die Nacht verbringen zu dürfen, wobei er sie zum ersten Mal sexuell befriedigt. Doch als sie am nächsten Morgen aufwacht, ist nicht nur J. D. verschwunden, sondern auch ihr gesamtes, hart erspartes Hab und Gut von 6000 Dollar. So müssen sich Thelma & Louise gewaltsam Geld verschaffen, was dazu führt, daß ihre kriminelle Karriere eskaliert. Sie werden schließlich von der Polizei gejagt und in eine extreme Zwangslage gebracht, in der ihnen nur noch ein Ausweg bleibt ...

ZUM FILM: Kaum ein anderer Film hat die Rolle von Frauen im Kino so nachhaltig beeinflußt wie dieser. Man muß natürlich vorsichtig sein mit solchen Formulierungen. Doch es fällt auf, daß in der Filmliteratur gerne auf THELMA & LOUISE Bezug genommen wird, wenn es darum geht, die Darstellung von Frauen, speziell selbstbewußt handelnden Frauen, wiederzugeben. Der Film kam auch zu einer Zeit ins Kino, wo eine Tendenzwende dringend erforderlich war, und er steht repräsentativ für ein neues Selbstbewußtsein von Frauen und ihr Gefühl für Freiheit und Eigenverantwortlichkeit. Damit konnten sich zahlreiche Zuschauerinnen identifizieren.

Die Rolle des J. D. (die Initialen erinnern an die Legende James Dean) ist nicht gerade im Sinne der Emanzipationsbestrebungen von Frauen angesiedelt. Er benutzt nicht nur Louise, er beklaut sie auch noch. Aber er hat ihr zumindest das Gefühl vermittelt, daß sie eine leidenschaftliche, eigenständige Person sein kann, unabhängig von ihrem vertrottelten Mann. In Kritiken wird im Zusammenhang mit Brad Pitts 14minütigem Auftritt auch vom 6000-Dollar-Orgasmus gesprochen. Zu der relativ freizügigen Liebesszene, die einen ganzen Tag in Anspruch nahm, erzählt Brad Pitt: »Glauben Sie mir, es war wirklich romantisch mit allen 30 Leuten im Zimmer. Der Tag wird ziemlich lang, wenn man die ganze Zeit mit einem winzigen Lendenschurz herumrennen muß. Wir konnten uns nicht einigen, welche Musik im Hintergrund spielen sollte, um unsere Angespanntheit zu lösen. Geena wollte Prince, ich John Lee Hooker und sexy Blues. Wir spielten dann alles. Es wurde ein richtig schöner Tag.«[34]

Brad Pitt konnte einen nachhaltigen Eindruck hinterlassen und sich für weitere Rollen empfehlen. Für ihn war die Rolle ein Glücksgriff und ein gelungener Einstieg ins große Filmbusineß, wie er auch selber sagt: »Der gewaltigste Schritt meiner Karriere war THELMA & LOUISE. Ich hatte mir schon gedacht, daß mir eine Rolle wie J .D., eine Südstaatler-Rolle, die ich gut drauf habe, den Durchbruch verschaffen würde. Sie hat mir jedenfalls grundlegenden Respekt eingebracht.«[35]

Außerdem vermittelt Brad Pitt den Eindruck, er würde gar nicht sonderlich spielen, sondern eher so sein, wie man ihm im Film begegnet. Das sagt er auch selbst, betont jedoch, er würde keine Leute ausrauben. »Ich mochte den Kerl. Er hatte einfach den Dreh heraus. Er wußte, wie er vorwärts kommt und war dabei so verdammt nonchalant.«[36]

Wenn der Film auch kein gutes Ende nimmt, besitzt er dennoch seinen eigenen Stellenwert als Markstein in der Darstellung von weiblicher Stärke, Solidarität und Selbstbewußtsein. Den amerikanischen Kritikern ging er teilweise aber auch zu weit in den Gewaltszenen: »Eine Aufforderung zur Gewalt ... eindeutige faschistische Grundhaltung« *(US News and World Report)*/»Ein Verrat am Feminismus ... blutig, sadistisch...« *(L. A. Times)*/«Pathetische Stereotypen ... hysterisches Verhalten« *(New York Daily News)*, so die Stimmen einiger Gegner des Films.[37] Mehr hoffnungsvollen Anklang fand der Film hierzulande: »Vielleicht ist Hollywood tatsächlich auf dem Weg, sein Frauenbild zu revidieren. Und da die Filmindustrie meistens gesellschaftlichen Entwicklungen folgt und sie ihrerseits nicht schafft, hat das vielleicht etwas

Der 6000-Dollar-Orgasmus: Geena Davis und Brad Pitt in THELMA &LOIUSE

mit einem Umdenken zu tun, das über Emanzipationszirkel weit hinaus geht.«[38] *(film-dienst)*
Mit diesem Film feierte auch der deutsche Filmmusikkomponist Hans Zimmer einen großen Erfolg. Seine langsamen E-Gitarren-Klänge passen wunderbar zu den grandiosen Landschaftaufnahmen. Hans Zimmer erhielt 1995 für seine Musik zum Disney-Zeichentrickfilm KÖNIG DER LÖWEN einen »Oscar«. Mit einem Einspielergebnis von 35 Millionen Dollar allein in den ersten zwei Monaten in den USA hat THELMA & LOUISE ein breites Publikum gefunden. Ed Zwick, Regisseur von LEGENDEN DER LEIDENSCHAFT, hat sich 1992 mit seinem Film LEAVING NORMAL mit Christine Lahti und Meg Tilly an den Erfolg von THELMA & LOUISE angeheftet. Für Brad Pitt war dies die erste Zusammenarbeit mit einem der britischen Scott-Brüder. Nach Ridley Scott drehte er mit Tony Scott 1993 den weniger gelungenen Film TRUE ROMANCE. Auch dafür komponierte Hans Zimmer die Musik.

KRITIKEN:

»... Ein intelligentes Drehbuch, in den Hauptrollen meisterhaft gespielt und von der Regie hervorragend in adäquate und mehrdeutige Bilder umgesetzt, ist Basis für einen thematisch interessanten und künstlerisch beachtlichen Film.«[39] *(multimedia)*

»Der erste bedeutende amerikanische Film, der zwei Frauen in einem Auto zusammenführt und sie auf die Reise über die Straßen des Westen führt, wo sie permanent von Polizisten verfolgt werden. Und es ist der erste Film, der Sexismus als Motivation für ihre Missetaten benutzt.«[40] (Richard Schickel in: *Time*)

»Zeitgemäßes, reiches und außergewöhnliches feministisches Road Movie, dem es gelingt, etwas Aufschlußreiches über das Verhältnis der Geschlechter zu formulieren.«[41] *(Halliwell's Film Guide)*

ACROSS THE TRACKS

USA 1991; *Regie:* Sandy Tung; *Buch:* Sandy Tung; *Kamera:* Michael Delahoussaye; *Musik:* Joel Goldsmith; *Production Design:* Thomas Meleck; *Produzent:* Dale Rosenblum; *Produktion:* Desert Productions; *Länge:* 101 Min.; Farbe.
Darsteller: Rick Schroder, Carrie Snodgress, Brad Pitt, David Anthony Marshall, Thomas Mikal Ford, John Linton.

INHALT: Der Film handelt von zwei Brüdern, die völlig unterschiedliche Temperamente haben. Beide betreiben Leistungssport. Sie werden zu Gegnern in ihrem Bemühen, Unterstützung für einen Geländelanglauf zu erhalten.

ZUM FILM: ACROSS THE TRACKS ist in der Bundesrepublik nicht herausgebracht worden.

KRITIKEN:

»Ein wohlgemeinter Film über die Probleme von Teenagern, der Heranwachsenden gefallen könnte, aber nicht Erwachsenen.«[42] *(Halliwell's Film Guide)*

»Der Soundtrack ist sehr gut. Die Darstellungen sind überzeugend, und das Drehbuch beschreibt glaubwürdige Situationen aus dem wirklichen Leben.«[43] *(Video Movie Guide 1995)*

»... Realistisches Portrait von Teenager-Problemen und -Hoffnungen, das für junge Menschen geeignet zu sein scheint, doch die eingeschränkte Altersfreigabe enthält den Film wegen der rüden High-School-Sprache der Zielgruppe vor.«[44] *(Leonard Maltin Review)*

THE FAVOUR – HILFE, MEINE FRAU IST VERLIEBT

(THE FAVOR) USA 1991; *Regie:* Donald Petrie; *Buch:* Sara Parriott, Charlie Skouras; *Kamera:* Tim Suhrstedt (DeLuxe/Panavision); *Musik:* Thomas Newman; *Musikalische Überwachung:* Steve Tyrell; *Songs:* »Big Bad Love« mit Diana Ross und Ray Charles, »Donna Reed Show Theme«, »Loaded« mit Primal Scream, »E=MC2« mit Big Audio Dynamite, »Ave Maria« von Johann Sebastian Bach, »Supermarket Souree«, »Headphone Blues«, »Blind Date«; Schnitt: Harry Keramidas; *Production Design:* David Chapman; *Bauten:* Mark Haack; *Ausstattung:* Clay A. Griffith; Elliotts

Ein attraktiver Maler: Brad Pitt in THE FAVOR

Gemälde: Damian Elwes; *Kostüme:* Carol Oditz; *Make-up:* Ronnie Speeter, Leslie Gilbertson; *Frisuren:* Leslie Anne Anderson, Tammy Kusian; *Special Effects:* A&A Special Effects, Ron Nary; *Casting:* Bonnie Timmerman; *Produzentin:* Lauren Shuler-Donner; *Produktion:* Nelson Entertainment/ Orion Pictures; *Länge:* 90 Min.; Farbe; *FSK:* ab 16; *Videoanbieter:* Columbia TriStar Home Video; HiFi-Stereo Dolby Surround.
Darsteller: Harley Jane Kozak (Kathy), Elizabeth McGovern (Emily), Ken Wahl (Tom Andrews), Bill Pullman (Peter), Brad Pitt (Elliott), Larry Miller (Joe Dubin), Ginger Orsi (Gina), Leigh Ann Orsi (Hannah), Felicia Robertson (Carol), Kenny Twomey (Mr. Lucky), Florence Schauffler (Museums-Dozentin), Guiseppe Tortellini (Kathys Taxifahrer), John Horn (Pastor), Wilma Bergheim (Frau in der Kirche), Marilyn Blechschmidt (Mrs. Konzelman), Deborah White (Professor Allen), Lisa Robins (Stewardeß).
Deutsche Synchronschauspieler: Victoria Brams (Harley Jane Kozak), Ekkehard Belle (Brad Pitt), Randolph Kronberg (Ken Wahl).
Gefilmt an Originalschauplätzen in Portland, Oregon und Los Angeles, California.

INHALT: Kathy und Peter sind seit zehn Jahren miteinander verheiratet und haben zwei kleine Töchter. Peter ist völlig in seine Arbeit an der Universität vernarrt, so daß Kathy von einer heißen Affäre mit einem feurigen Liebhaber träumt. Ihr Traummann: Tom Andrews, früherer Mitschüler und Freund am College, den sie seit 16 Jahren nicht mehr gesehen hat. Ihre beste Freundin Emily hingegen, die an sich mit dem attraktiven Maler Elliott locker liiert ist, läßt sich auf Bitten von Kathy für eine Nacht mit Tom ein, als sie nach Denver muß, wo Tom lebt. Danach läßt sie Elliott wie eine heiße Kartoffel fallen. Der ist nun wieder solo und das heimliche Objekt der Begierde von Kathy, die aber auch immer noch Tom Andrews im Hinterkopf hat.
Als sich herausstellt, daß Emily ein Baby von Elliott erwartet,

The Favor – Hilfe meine Frau ist verliebt

sagt sie dies Kathy mit der Bitte, es Elliott nicht mitzuteilen. Doch Kathy fährt zu Elliotts Atelier und kann nicht anders, als es ihm zu sagen. Auf dem Weg dorthin wird sie von ihrem mißtrauisch gewordenen Mann Peter verfolgt, der nun glaubt, Kathy und Elliott hätten ein Verhältnis. Elliott möchte nun wieder zu Emily zurück. Als diese durch ihn erfährt, daß Kathy das Geheimnis doch ausgeplaudert hat, behauptet sie, das Baby sei von Tom. Nun meint Kathy, dies Tom unterbreiten zu müssen. Sie macht sich ungeheuer schick und besteigt das Flugzeug nach Denver, in dem zufällig auch Elliott sitzt, der nach Denver zu einer Ausstellungseröffnung muß. Jetzt teilt sie ihm mit, daß er doch nicht der Vater sei.
Der skeptische Peter findet heraus, daß Elliott in Denver ist und wähnt seine Frau bei ihrer Mutter in Chicago, doch als er sich per Computer-Hacken in die Passagierliste der Denver-Fluglinie einklinkt, sieht er entsetzt auch den Namen von Kathy. Diese trifft in Denver ihren Jugendschwarm Tom, einen stattlichen Naturburschen, der sie gleich becirct und mit eindeutigen Absichten in sein Blockhaus einlädt.

Cover-Motiv der Video-Edition

Peter reist nun auch nach Denver und stellt Elliott in dessen Hotelzimmer zur Rede: »Wo ist sie?« Von da an kommt es zu turbulenten Verwicklungen, Mißverständnissen und Fehleinschätzungen. Schließlich sind Tom, Kathy, Emily, Elliott und Peter in Toms Blockhaus versammelt. Langsam entwirrt sich das Knäuel der falschen Vermutungen und Behauptungen. Emily ist doch von Elliott schwanger. Kathy und Peter versöhnen sich, ebenso Emily und Elliott. Und Tom hat schließlich wieder seine Ruhe.

ZUM FILM: THE FAVOUR ist in der Bundesrepublik nur auf Video erschienen. Er mutet besonders in der zweiten Hälfte wie ein verfilmtes Boulevard-Theaterstück an, allerdings ohne pointenreiche Dialoge. Harley Jane Kozak (Kathy) steht im Mittelpunkt der Handlung. Gelegentlich werden ihre Phantasien und ihre Träume in die Filmhandlung miteinbezogen. So sieht man sie gleich zu Beginn während des Vorspanns als Prostituierte durch die nächtliche Stadt laufen, wo sie einen Mann im Footballspieler-Outfit anmacht – bis sie schließlich im alltäglichen Ehebett von ihrer Tochter geweckt wird und der Traum abbricht.
Babyface Elizabeth McGovern hat Ähnlichkeit mit dem jungen Orson Welles, was nicht gegen Orson Welles gerichtet sein soll. Man kann kaum nachvollziehen, was der freiheitsliebende Künstler Elliott (Brad Pitt) an dieser pausbäckigen, schielenden, sexbesessenen, herrischen Frau attraktiv finden könnte. Sie und Brad Pitt geben ein ziemlich unglaubwürdiges Paar ab. Doch Brad Pitt hat hier auch nur eine untergeordnete Nebenrolle. Man meint zu spüren, daß ihm dieser Part ohnehin nicht behagt. Seine darstellerischen Fähigkeiten sind hier gar nicht gefragt. Aus den paar Szenen, die er hat, macht er dennoch das Beste. Mit kleinen Gesten mit den Armen, den Händen und dem Kopf versucht er, der Figur mehr Gestalt zu verleihen. Das Drehbuch hatte scheinbar nichts in petto, um den Charakter des Elliott zu vertiefen. Aber in erster Linie geht es ja auch um die Ehe von Kathy und Peter und Kathys Freundschaft zu Emily.

Harley Jane Kozak in THE FAVOR

Sicherlich zeigt Brad Pitt hier komödiantische Fähigkeiten, die sich jedoch eher durch die vertrackte Figurenkonstellation ergeben. Eine komische Rolle spielt er nicht. Allerdings gewinnt er auch kaum ein eindeutiges Profil. Er wird als Liebhaber eingeführt. Man sieht ihn in einer Bettszene mit Elizabeth McGovern. Der Film präsentiert seinen unbehaarten muskulösen nackten Oberkörper, doch anschließend fummelt er nur noch an seiner Brille herum und muß sich sogar zweimal niederschlagen lassen. Am Ende gibt er mit geschwollenem Gesicht klein bei.
Bill Pullman (SCHLAFLOS IN SEATTLE) gibt einmal mehr die Niete ab, das aber gekonnt und fast schon mitleiderregend. Sein Peter ist kein schlechter Kerl, sondern einfach nur überfordert. Aber Harley Jane Kozak (Kathy) kann sich in diesem mittelmäßigen Film trotzdem profilieren, nicht nur durch ihre Schönheit, sondern auch durch ihre Ausdrucksvielfalt. Ihre Darstellungweise erinnert an Meg Ryan, Goldie Hawn und Emanuelle Béart.
Zum Titel: Der US-Originaltitel heißt THE FAVOUR, die deut-

sche Videoversion THE FAVOUR ... Beides heißt Gunst, Wohlwollen, Gefallen. Favor ist die amerikanische Schreibweise. Gelegentlich liest man als Produktionsjahr 1994. Im Film selbst ist jedoch 1991 angegeben.
Brad Pitt mag über diesen Film nicht sprechen.

KRITIKEN:

»... Der Film ist eine kurzweilige Ehekomödie, die keine großen Ansprüche hegt, aber gut gespielt und besetzt ist. Hervorragend Harley Jane Kozak, die mit ihrer Mimik einigen Sequenzen eine leise Komik verleiht. Mit ihr gelingt es Donald Petrie, die (zwischen)menschlichen Schwächen liebevoll und dabei etwas satirisch auszuleuchten ...«[45] *(Anselm Jungeblodt in: film-dienst)*

»... THE FAVOUR weist keine einzige Handlungsvariante auf, die neu wäre, und ebensowenig ist etwas interessant wiederverwendet worden. Der Film kann sich auch nicht rühmen, auch nur eine Dialogzeile vorweisen zu können, die einem mehr als nur ein gequältes Lächeln abverlangt ...«[46] *(People Weekly)*

COOL WORLD

(COOL WORLD); USA 1992; *Regie:* Ralph Bakshi; *Buch:* Mark Victor, Michael Grais, Larry Gross nach einer Story von Ralph Bakshi und Frank Mancusco jr.; *Kamera:* John A. Alonzo; *Musik:* Mark Isham, gespielt vom Münchner Symphonie Orchester, dirigiert von Allan Wilson, aufgenommen in den Bavaria Music Studios; Titelsong: »Real Cool World« mit David Bowie; Songs: »Under« mit Brian Eno, »Play With Me« mit The Thompson Twins, »Ah-Ah« mit Mobby Mobby, »N.W.O.« mit Ministry; *Schnitt:* Steve Mirkovich, Annamaria Szanto; *Production Design:* Michael Corenblith; *Bauten:* David James Bomba; *Ausstattung:* Meredith Boswell; *Ko-*

Mischung aus Trick- und Realfilm: COOL WORLD

stüme: Malissa Daniel; *Make-up:* Cathy Walters; *Animation:* Bruce Woodside; *Special Effects:* Leonor M. Wood; *Stunts:* R.A. Rondell; *Casting:* Carrie Frazier, Shani Ginsberg; *Produktion:* Frank Mancusco jr. Productions; *Länge:* 101 Min.; Farbe; *FSK:* ab 16; Kinostart: trotz Ankündigungen nicht gestartet; *Verleih:* UIP; Videoanbieter: CIC.
Darsteller: Kim Basinger (Holli Would), Gabriel Byrne (Jack Deebs), Brad Pitt (Frank Harris), Michele Abrams (Jennifer Malley), Deirdre O'Connell (Isabelle Malley), Janni Brenn-Lowen (Mom Harris), William Frankfather (Polizist), Greg Collins (Polizist), Carrie Hamilton (Comic-Verkäuferin), Stephen Worth (Kunde), Murray Podwal (Kunde), Candy Milo (Bob/Lonette), Charles Adler (Nails), Patrick Pinney (Rausschmeißer), Lamont Jackson (Lucky's Rausschmeißer), Big Yank (Plaza Rausschmeißer), Michael David Lally (Sparks), Jenine Jennings (Bunny), Gregory Snegoff (Bash), Maurice LaMarche (div.), Joey Camen (div.), Frank Sinatra jr.
Deutsche Synchronschauspieler: Evelyn Maron (Kim Basinger), Engelbert von Nordhausen, Manfred Lehmann.

Polizist Frank Harris (Brad Pitt) lebt in COOL WORLD mit einer Zeichentrickfreundin zusammen. Brad Pitt kam sich bei den Dreharbeiten ohne reale Partner ziemlich einsam vor.

INHALT: Las Vegas 1945. Der Soldat Frank Harris kommt aus dem Zweiten Weltkrieg nach Hause. Er präsentiert seiner Mutter sein neues Motorrad, und gleich darauf macht er mit ihr eine Probefahrt. Ein besoffener Autofahrer kreuzt seinen Weg. Die Mutter stirbt bei dem Unfall, Frank wacht in einer Zeichentrickwelt auf.

Las Vegas 1992. Der Comic-Zeichner Jack Deebs sitzt im Knast und malt die sexy Figur Holli Would. Diese Comic-Figur wird lebendig und holt ihn plötzlich in die Zeichentrickwelt »Cool World« hinein. Dort taucht auch Frank Harris unvermittelt auf, der ein realer Mensch ist und bei der Cool-World-Polizei arbeitet. Er beäugt den Eindringling Deebs argwöhnisch. Er will ihn wieder in seine Realwelt zurückbefördern und glaubt Deebs nicht, daß er diese Welt schließlich als Zeichner selbst erschaffen hat.

Holli Would wird durch eine Sex-Szene mit Harris selbst zu einem realen Wesen. Das macht Deebs deprimiert. Er sagt sich: »Es wird ein riesengroßer Arsch erscheinen und alles zuscheißen.« Deebs sucht mit Holly einen Nachtclub auf, wo sie gleich als frivole Sängerin auftritt, während Deebs hin-

Frank hat die verführerische Holly Would kennengelernt.

ausgeschmissen wird. Doch beide bleiben nicht ständig reale Gestalten, sondern werden kurzzeitig zu Zeichentrickfiguren. Hollis Ehrgeiz liegt darin, die »Sichel der Macht« auf einem Hotel in Las Vegas zu verdrehen, damit die Zeichentrickwelt die reale Welt wird und damit der gesamte Kosmos verschwindet. Zwar kann Harris sie kurze Zeit aufhalten, doch dann stürzt sie ihn vom Hochhaus in die Tiefe. So werden die Menschen zu Zeichentrickfiguren. Der tote Harris wird als Zeichentrickfigur wieder lebendig und lebt fortan in der Comicwelt weiter.

ZUM FILM: Der Film variiert die Grundidee der Spielberg-Produktion FALSCHES SOIEL MIT ROGER RABBITT/WHO FRAMED ROGER RABBITT (USA 1988) von Robert Zemeckis, in der reale Darsteller in einer Zeichentrickwelt agieren. Nur wirkt hier die Handlung uninspiriert und äußerst grobschlächtig. Die animierten Sequenzen sind vollgepackt mit winzigen brutalen Aktionen plötzlich auftauchender gezeichneter Figuren, die durchs Bild huschen, sich gegenseitig malträtieren und einem unheimlich auf die Nerven gehen. Mit der Handlung

haben sie rein gar nichts zu tun. Es scheint so, als ob Bakshi seiner eigenen Story nicht trauen würde und sie durch Hunderte von Zwischeneinlagen aufzupeppen versucht.
Die deutsche Synchronisation tut ihr übriges, um den Film in den Dreck zu ziehen. Die permanente Verwendung von Kraftausdrücken und unflätigen Bemerkungen stößt schon übel auf (»Sackgesicht, Nörgelzicken, Mickernase« etc.). Aber wenn ein gezeichneter Türknauf einem Besucher ins Gesicht sagt: »Du siehst aus wie einer von der Treuhand, der uns Ost-Kacke andrehen will!«, dann weiß man, auf welchem Niveau man sich befindet.
Der Film ist so hektisch, daß er den Zuschauer zwangsläufig nervös macht. Die Schnitte sind wahnsinnig schnell, und insbesondere die Zeichentrickfiguren werden nicht herausgearbeitet. Sie sind einfach da und verschwinden wieder. Ein Handlungsgerüst ist im Grunde nicht vorhanden. Die einzige Triebfeder ist Hollys Bemühen, mit einem realen Menschen Sex zu haben.
Die exzellenten Schauspieler Gabriel Byrne aus Irland und Brad Pitt werden hier für ein Spektakel verschlissen, das auch anspruchsloser hätte besetzt werden können. Die einzige Herausforderung für die beiden war das exakte Agieren ohne real existierenden Partner, denn die Zeichentrickfiguren wurden nachträglich in den Film kopiert.
Brad Pitt gehörte zu den circa 200 Darstellern, die für die Rolle vorsprachen. Regisseur Ralph Bakshi: »Wie jeder kam auch Brad Pitt in den Raum, las etwas vor, und ich war von den Socken. Ich fühlte gleich, daß er der einzige für diese Rolle war.«[47] Brad Pitt fühlte sich allerdings nicht besonders wohl, ohne Partner zu spielen und nur im leeren Studio zu agieren. Er hat es schließlich als Tanz betrachtet.

KRITIKEN:

»Wenn es einen Film gibt, für den man sieben Dollar ausgeben will, um ihn zu sehen, dann ist COOL WORLD das mit Sicherheit nicht ... Die Animation ist eine unausgeglichene

Cool World

(wenngleich sehr phantasiereiche) Mixtur von Stilen – manchmal wechselhaft, in anderen Szenen gleichmäßig und fließend. Wie gewöhnlich sind die typischen Bakshi-Elemente vertreten: Zuhälter aus einer dunklen Welt, Verbrecher und vielbeschäftigte Nutten bevölkern die Szenen. Der ganze Film ist geprägt von der typischen sexuellen Besessenheit Bakshis ... Aber die Witze funktionieren nicht und sind vorhersagbar. Man interessiert sich nicht einen Moment lang für eine der Figuren auf der Leinwand. Und gegen Ende ist es einem völlig egal, was überhaupt im Film geschieht ... Eine kolossale Zeitverschwendung im Kino. Cool World mag ein wenig unterhaltsamer auf Video sein – da hat man wenigstens die Möglichkeit, den Schnellvorlauf einzuschalten oder das Band einfach abzustellen, wenn man genug hat.«[48] *(Derek Vowles, Comic- und Animationszeichner aus Los Angeles)*

»Einfallslose Mischung aus Zeichentrick- und Realfilm, die hauptsächlich von der Besetzung lebt.«[49] *(Filmjahrbuch 1994)*

»Eine Kombination aus einer Geisterbahnfahrt und einem Drogen-Trip, die sich als Tortur und Plage durch die Animation für die Zuschauer herausstellt. Optisch aufdringlich, aber seelenlos.«[50] *(Variety)*

AUS DER MITTE ENTSPRINGT EIN FLUSS

(A RIVER RUNS THROUGH IT) USA 1992; *Regie:* Robert Redford; *Buch:* Richard Friedenberg nach der autobiographischen Geschichte von Norman Maclean; *Kamera:* Philippe Rousselot; *Musik:* Mark Isham; *Schnitt:* Lynzee Klingman, Robert Estrin; *Production Design:* Jon Hutman; *Kostüme:* Bernie Pollack, Kathy O'Rear; Casting: Elisabeth Leustig; *Produzent:* Robert Redford, Patrick Markey; *Produktion:* Allied Filmmakers für Columbia; Länge: 123 Min.; Farbe; *FSK:* ab 6, feiertagsfrei; *Kinostart:* 6.5.1993; *Verleih:* Scotia; Videoanbieter: VCL.
Darsteller: Craig Sheffer (Norman Maclean), Brad Pitt (Paul Maclean), Tom Skerritt (Reverend Maclean), Brenda Blethyn (Mrs. Maclean), Emily Lloyd (Jesse Burns), Eddie McClurg (Mrs. Burns), Stephen Shellen (Neal Burns), Joseph Gordon-Levitt (der junge Norman), Vann Gravage (der junge Paul), Nicole Burdette (Mabel), Susan Traylor (Rawhide), Michael Cudlitz (Chub), Rob Cox (Conroy), Buck Simmonds (Humph), Fred Oakland (Mr. Burns), David Creamer (Ken Burns), Madonna Reubens (Tante Sally), Arnold Richardson (der alte Norman), MacIntyre Dixon (Polizei-Sergeant), William Hootkins (Mr. Murchison), Jess Schwiddle (Mr. Sweeney), Chuck Adamson (Harry, der Herausgeber), Rex Kendall (Reporter), Jack Kroll (Reporter), Martina Kreidl (Zeitungssekretärin), Noah Snyder (Kopierjunge im Zeitungsbüro), Jacob Snyder (Pianist), Margot Kiser (Sal), Philip A. Braun (Händler im Lolo), Tracy May-

Paul Maclean (Brad Pitt) in seinem Element beim Fliegenfischen in AUS DER MITTE ENTSPRINGT EIN FLUSS

field (Kunde im Lolo), Anne Merrem (Nutte im Lolo), Chuck Tweed (Betrunkener im Knast), Prudence Johnson (Pavillon-Sängerin), D. Gorton (Pavillon-Ansager), Lincoln Quesenberry (Betrunkener auf der Straße); *Erzähler:* Robert Redford.
Deutscher Erzähler: Friedrich W. Bauschulte.

»Oscar« für Kameramann Philippe Rousselot; »Oscar«-Nominierungen für Regisseur Robert Redford, Drehbuch und Musik.

INHALT: Der Film ist eine Rückblende in der Erinnerung des alten Professors Norman Maclean. »In unserer Familie gab es keine klare Trennung zwischen der Religion und dem Fliegenfischen«, beginnt Norman seine Rekapitulation.
1910. Die vierköpfige, schottischstämmige Familie Maclean lebt in Missoula/Montana in den USA. Normans Vater ist ein presbyterianischer Pastor und ein passionierter Fliegenfischer (Angeln mit Hilfe von fliegenförmigen Ködern), der seinen beiden Jungen Norman und Paul erklärt hat, daß auch die Jünger laut Bibel Fischer gewesen sind. Er unterrichtet

Paul Mclean (Brad Pitt), Jesse Burns (Emily Lloyd) und Norman Maclean (Craig Sheffer) im Gottesdienst von Reverend Maclean (Aus der Mitte entspringt ein Fluss)

die beiden nicht nur in Lesen und Schreiben, sondern auch in der Kunst des Forellenangelns mit Hilfe von künstlichen oder echten Insekten als Köder.
Die Jungen besuchen dank des Unterrichts durch ihren Vater nicht die Grundschule und haben nachmittags ausgiebig Zeit, am nahegelegenen Fluß zu fischen und Montanas Reize zu entdecken (»eine Welt voller Wunder und Möglichkeiten«). Norman will Pastor oder Boxer werden, Paul Fliegenfischer oder Boxer.
Während des Ersten Weltkriegs wird Norman mit 16 in den amerikanischen Forstdienst eingezogen, da die Holzfäller alle Militärdienst leisten müssen. Paul hingegen wird Bademeister im Gemeindeschwimmbad. Als der Krieg vorbei ist, ist Norman 19. Nach einem nächtlichen Schnapsgelage rauschen Norman und Paul in einem geklauten Boot einen Wasserfall hinunter. Zwar kommt es nach diesem Abenteuer zur ersten und einzigen Prügelei zwischen den beiden, doch in Harmonie trennen sich die zwei, als Norman 1919 zum Literaturstudium für sechs Jahre zu einer 2000 Meilen entfernten Universität

Anglerglück

reist. Paul macht derweil in der Heimat seinen Highschool-Abschluß und wird Journalist bei einer Zeitung in Helena.
Im Frühjahr 1926 kommt Norman wieder nach Hause und geht mit Paul auf Fischfang. Norman verliebt sich auf einem Fest in die hübsche Jesse. Gemeinsam mit Paul und dessen indianischer Freundin Mabel gehen sie in eine Spelunke. Paul und Mabel tanzen ausgiebig. Norman und Jesse fahren nach Hause. Nach einem Anruf von der Polizei muß Norman seinen Bruder und Mabel aus der Ausnüchterungszelle abholen. Als Jesses Bruder aus Kalifornien zu Jesses Familie zurückkommt, lädt Norman ihn zum Fischen ein. Doch der kommt

zum vereinbarten Termin zu spät, ist sturzbesoffen, bringt noch eine stadtbekannte Schlampe mit und verpennt den Tag nackt im Gras unter gleißender Sonne, was ihm einen gehörigen Sonnenbrand einbringt. Jesse fährt Norman nach Hause, allerdings teilweise über Schienen, durch einen Zugtunnel und über eine hohe Eisenbahnbrücke.

Bei einem gemeinsamen Familienessen sorgt Paul zwar für Heiterkeit, aber dann verläßt er plötzlich das Haus, um Freunde zu treffen (zum Pokern). Norman erhält Mitte 1926 eine Berufung als Dozent für englische Literatur an seine frühere Universität in Chicago. Doch er möchte wegen Jesse lieber in Montana bleiben, was er ihr auch sagt. Er liebt sie.

Als er Paul davon erzählt, lädt der ihn zu »Lolo« ein, einer Mischung aus Bordell, Kneipe und Spiellokal. Doch Paul, der unbedingt Pokern will, obwohl er hoch verschuldet ist, wird hinausgeschmissen. Aber er kehrt zurück, während Norman heimfährt.

Am nächsten Tag gehen Norman, Paul und ihr Vater wieder zum Fliegenfischen. Norman sagt Paul, daß er Jesse heiraten will. Paul fängt anschließend unter Einsatz seines Lebens einen riesigen Fisch. »In diesem Augenblick wurde mir bewußt«, sagt der alte Norman im Kommentar, »daß ich die absolute Vollkommenheit gesehen hatte. Mein Bruder stand nicht nur vor uns am Ufer des Big Blackfoot, er schwebte über der Erde, frei von allen Naturgesetzen, wie ein Kunstwerk. Doch für mich stand eindeutig fest, daß das Leben kein Kunstwerk ist. Ich wußte genau, daß dieser Augenblick nicht ewig andauern konnte.«

Kurz vor der Abreise von Norman und Jesse nach Chicago erhält Norman die Nachricht, daß sein Bruder Paul durch Schläge mit einem Revolvergriff getötet wurde. Er überbringt diese Nachricht schweren Herzens seinen fassungslosen Eltern.

»Am Ende fließen alle Dinge ineinander«, sagt Norman als alter Mann, als der er nun auch im Bild beim Fischen im Fluß zu sehen ist. »Und aus der Mitte entspringt ein Fluß. Der Fluß wurde bei der großen Überschwemmung der Welt begraben. Er fließt aus dem Keller der Zeit über Steine. Auf einigen der Steine befinden sich zeitlose Regentropfen. Unter den Steinen sind die Wörter. Doch einige Worte wird man nie verstehen. Ich könnte mich dem Wasser nie entziehen!«

ZUM FILM: Der Film läßt sich enorm viel Zeit in seiner Erzählweise. Szenen werden lange ausgespielt, es gibt viel Raum für Gesten, Blicke, Details. Er wirkt selbst wie ein Fluß, der dahinfließt. Kameramann Philippe Rousselot wurde mit dem »Oscar« ausgezeichnet. Durch seine Arbeiten für John Boorman (DER SMARAGDWALD/THE EMERALD FOREST, 1985; HOPE & GLORY, 1987) war er bestens vertraut mit der Kameraarbeit am und im Fluß. So stellen die Flußaufnahmen auch eine Besonderheit des Films dar, z. B. die gefährlichen Bootszenen am Wasserfall. Oder die Szene, in der Paul (Brad Pitt) in den reißenden Fluten verschwindet, um den großen Fisch an seiner Angel nicht zu verlieren. Der Fluß wurde als Metapher für das Leben, für Bewegung, ständige Weiterbewegung, für Zeit schon oft verwendet, diesmal aber besonders beeindruckend gefilmt.

Brad Pitt in AUS DER MITTE ENTSPRINGT EIN FLUSS

Der filmische Stil ist abwechslungsreich. Neben den schönen Landschaftsbildern zeigt die Kamera häufig Nahaufnahmen von denjenigen, die gerade nicht sprechen, wobei die Sprechenden nur im Off zu hören sind oder der Gezeigte der Kamera den Rücken zuwendet.
Die Zeitschrift *zoom* schrieb 1993: »Interessant der formale Ansatz: Dramatische ›Höhepunkte‹ werden nicht gezeigt, sondern im Off-Kommentar mitgeteilt – ein fast antifilmisches Experiment, das dem europäischen Film verpflichtet ist.«[51] So wird z. B. Normans Hochzeit mit Jesse ausgespart. Gerade daraus hätte man eine große Szene machen können, zumal Norman und Pauls Vater Pastor ist. Schon Normans sechs Jahre währende Studienzeit wird nur kurz durch vergilbte Schwarzweißfotos dokumentiert. Und von Pauls brutaler Ermordung erfährt man lediglich, während der Teppich vor der Eingangstür im Hause der Macleans im Bild zu sehen ist.
Die Beziehung zwischen den ungleichen Brüdern Norman und Paul steht im Mittelpunkt dieser autobiographischen Geschichte des 1990 verstorbenen Literaturprofessors Nor-

Zwei ungleiche Brüder (Craig Sheffer und Brad Pitt) stehen im Mittelpunkt von AUS DER MITTE ENTSPRINGT EIN FLUSS

man Maclean, der den Roman im Alter von 73 Jahren schrieb. (1976 wurde er veröffentlicht.) Hier der ruhige, in sich gekehrte Norman, dort der lebensfrohe, unstete Paul. Brad Pitt verkörpert die Figur dieses Tausendsassas voller Kraft, Charme und positiver Ausstrahlung. Selbst seine Saufgelage oder Pokermanie kann man ihm nicht übel nehmen. Sein freundliches Lächeln und die strahlenden Augen kommen ihm dabei zugute. Auch wenn Norman die Geschichte erzählt, ist eigentlich Paul die Hauptfigur. Über seine Rolle sagt Brad Pitt: »Paul Maclean ist ein Junge, dessen Sehnsüchte und Überzeugungen nicht in die Pläne seiner Familie und deren Erziehungsprogramm passen. Wegen dieses Dilemmas kann er nie völlig aus sich herausgehen, also gibt es immer ein Gefühl von Schuld und immer eine Maske. Wenn man nicht man selbst sein darf und man sich gegenüber Leuten, die einem wichtig sind, verstellen muß, landet man früher oder später bei der Selbstzerstörung, glaube ich.«[52]

Brad Pitt mutet in manchen Einstellungen wie der junge Robert Redford an. Vielleicht wurde Pitt vom Regisseur und

Regisseur Robert Redford mit Brad Pitt

Produzenten Redford auch deshalb ausgewählt. Über die Zusammenarbeit mit dem Regisseur sagt Brad Pitt: »Redford hat phantastische Arbeit geleistet, diesen Film wie in Granit gemeißelt vollendet zu haben. Das Wichtigste bei einer Buch-Adaption ist die Eigenständigkeit des Films – Redford hat das geschafft. Er hat bewiesen, daß man populäres Kino auf hohem Niveau machen kann«[53]

Robert Redford begründete seine Entscheidung für Brad Pitt folgendermaßen: »Ich habe mich mit ihm in meinem Büro unterhalten. Als wir erst einmal seine Nervosität und Unsicherheit überwunden hatten, spürte ich, daß er genau das Richtige für die Rolle mitbrachte. Ich wollte keine Bekümmertheit in seinem Gesicht sehen. Es war genau wie bei ORDINARY PEOPLE. Dort hätte man Timothy Huttons Rolle durchaus als Neurotiker gestalten können. Aber es ist viel interessanter, die dunklen Seiten einer gesunden, positiv wirkenden Person zu zeigen. Paul ist eine Figur mit starker Ausstrahlung und Energie. Wir haben viel daran gearbeitet, dies aus Brad hervorzubringen, denn diese jungen Schauspieler leben in einer solch anderen Zeit. Heutzutage ist es cool, nachdenklich zu gucken und die Textzeilen von sich zu geben, als sei es einem egal. Ich fand aber, daß es Brad daran gelegen war, eine glaubwürde Person darzustellen.«[54]

Übrigens hat sich sogar die Sport-Fachpresse zu diesem Film geäußert: »... Der Film versteht es, das Fliegenfischen so wunderbar verführerisch in Szene zu setzen, daß sogar Nicht-Angler, die den Film gesehen haben, eiligst einen jener seltsamen Hüte kaufen möchten, an dem man die Fliegenköder und die Angelhaken befestigen kann ...«[55] *(Sports Illustrated)*

US-Präsident Bill Clinton bedankte sich schriftlich für die Zusendung der Filmmusik von Mark Isham und strich in seinem Dankesbrief, den der Verleih anschließend Journalisten zur Verfügung stellte, heraus, daß ihm die für den »Oscar« nominierte Musik sehr viel bedeute und er für die Unterstützung seiner Arbeit für das großartige Land sehr dankbar sei. Eine seltene, wenn nicht einzigartige Geste.

KRITIKEN:

»Familienchronik vor atemberaubender Naturkulisse.«[56] *(TV Movie)*

»Norman Macleans Autobiographie schreit nicht gerade danach, verfilmt zu werden. Doch Robert Redford hat aus der Beziehung zweier ungleicher Brüder einen klugen, anmutigen Film gemacht, und bloß Blindfische meinen, es ginge hier nur ums Angeln.«[57] *(Stern)*

»Hauptdarsteller Brad Pitt spielt sich wieder in die Herzen seiner Fangemeinde.«[58] *(The New York Times)*

»14 Minuten lang hat er uns in Thelma & Louise begeistert. Jetzt zeigt Brad Pitt, daß er mehr als nur ein Sex-Symbol ist.«[59] *(The Wall Street Journal)*

»...Sheffer stellt sich als zu steif heraus, um eine Hauptrolle tragen zu können. Der attraktivere Pitt verfügt über eine enorme Starqualität, aber Redford kann ihn nicht zu einer charakteristischen Darstellung führen. Er sieht nur den ganzen Film über gut aus ...«[60] *(Baseline's Motion Picture Guide Review)*

KALIFORNIA

(KALIFORNIA) USA 1993; *Regie:* Dominic Sena; *Buch:* Tim Metcalfe nach einer Story von Stephen Levy und Tim Metcalfe; *Kamera:* Bojan Bazelli; *Musik:* Carter Burwell; *Songs:* »Look Up To The Sky« mit The Indians, »Deep« mit East 17, »No One Said It Would Be Easy« mit Sheryl Crow, »I Love The World« mit The Indians, »Are You Strong Enough« mit Sheryl Crow, »Lettuce And Vodka« mit X, »Seven Days« mit Hugh Harris, »(Get Your Kicks On) Route 66« mit Asleep at the Wheel, Symphonie Nr. 8 von Ludwig van Beethoven;

Schnitt: Martin Hunter; *Production Design:* Michael White; *Bauten:* Jeff Mann; *Ausstattung:* Robert W. Harbour; *Kostüme:* Kelle Kutsugeras; *Frisuren:* Barbara Olvera; *Make-up:* Michelle Buhler; *Special Effects:* Michael Schorr, Jeff Knott; *Stunts:* Dan Bradley; *Casting:* Carol Lewis; *Produzenten:* Steve Golin, Sigurjon »Joni« Sighvatsson, Aris McGarry; *Produktion:* Polygram Filmed Entertainment/Viacom Pictures/Propaganda Films; *Länge:* 114 Min.; Farbe; *FSK:* ab 18, ffr.; Kinostart: 25.11.1993; *Verleih:* Concorde; *Videoanbieter:* VCL.
Darsteller: Brad Pitt (Early Grace), Juliette Lewis (Adele Corners), David Duchovny (Brian Kessler), Michelle Forbes (Carrie Laughlin), George Mars Martin (Walter Livesay), Catherine Larson (Teenager), David Milford (Fahrer), John Zarchen (Peter), David Rose (Eric), Tommy Chapelle (Alter Mann), Judson Vaughn (Polizist), J. Michael Mcdougal (John Diebold), Brett Rice (Polizist), Patricia Sill (Carol), Marisa Raper (Mädchen).
INHALT: Pittsburgh/Pennsylvania/USA. Der junge Autor Brian Kessler versucht für ein Buch über die berühmtesten

Juliette Lewis und Brad Pitt in KALIFORNIA *(USA 1939). Auch privat waren die beiden ein Paar. Nach den Dreharbeiten trennten sie sich, sind aber immer noch befreundet. Brad Pitt würde jederzeit wieder mit ihr drehen.*

Massenmörder die Motive und die psychische Veranlagung von Serienmördern zu ergründen. Zu diesem Zweck will er die Orte aufsuchen, an denen solche Massenmorde begangen wurden. Die Route soll durch Tennessee, Arkansas und Texas nach Kalifornien führen. Seine hübsche Freundin Carrie, eine Erotik-Fotografin, will ihn bei der Reise begleiten und Fotos von diesen Schauplätzen machen, die das Buch illustrieren sollen. Sie wollte sowieso gerne nach Kalifornien. Da das Geld knapp ist, suchen sie per Aushang im College Mitfahrer. Der mehrfach vorbestrafte Early Grace ist gerade aus einer Spiegelfabrik gefeuert worden. Zusammen mit seiner Freundin, der leicht beschränkten Kellnerin Adele Corners, haust er in einem schäbigen, verdreckten, gemieteten Wohnwagen auf einem Schrottplatz. Sein Bewährungshelfer sucht ihn auf und macht ihm klar, daß er den Staat nicht verlassen darf. Als er sich im College für einen Hausmeisterposten vorstellen will, sieht er den Aushang und einen Ausweg. Vorher ermordet er noch den Vermieter, vergräbt ihn und zündet den Wohnwagen an.

Early Grace (Brad Pitt) überrascht die attraktive Carrie Laughlin (Michelle Forbes) beim morgendlichen Ankleiden: Szene aus KALIFORNIA

Mit einem alten Lincoln Cabrio fahren die vier schließlich los. Am ersten Tatort in Tennessee hat Brian wenig Glück. Er wird gar nicht erst ins Haus gelassen. Unterdessen kann Early durch ein offenstehendes Fenster eine Handtasche entwenden. So verfügt er wenigstens über etwas Bargeld.
Bei einem Tankstopp will Early bezahlen. Doch provoziert durch einen Mercedesfahrer, folgt er diesem auf die Herrentoilette und bringt ihn mit etlichen Messerstichen um. Er raubt ihm noch die Brieftasche und setzt sich dann selbst ans Steuer des Lincoln, als wäre nichts gewesen. Am Abend besäuft er sich mit Brian in einer Bar. Als Brian von einem Barbesucher angepöbelt wird, schlägt Early diesen brutal zusammen. Unterdessen kommen sich Adele und Carrie im Motel näher. Carrie erfährt, daß Early Adele schlägt. Sie wird mißtrauisch und skeptisch, als Early Brian das Schießen mit seiner illegalen 45er beibringt.
Beim nächsten Tatort eines Massenmörders geraten Carrie und Brian in Streit. Carrie will, daß Early und Adele nicht mehr mitfahren und an der nächsten Tankstelle abgesetzt werden. Doch Early erschießt dort vor Carries Augen den Tankwart und setzt die Fahrt unter Androhung von Waffengewalt fort. Brian versucht, auf Early einzureden, doch der steigert sich immer mehr in seine Mordlust. Als ein Polizist und eine Polizistin sich dem Quartett nähern, erschießt Early beide skrupellos.
Early beherrscht nun die Gruppe und besetzt ein Privathaus am Rande der Straße. Dort wohnt ein älteres Ehepaar. Early erschlägt den Mann mit einem Golfschläger. Adele macht ihm Vorwürfe. So ermordet er sie auch und fährt mit Carrie weiter, während Brian gefesselt und bewußtlos geschlagen zurückbleibt. Die alte Frau, die zuvor von Adele freigelassen worden war, kommt zurück, befreit Brian und stellt ihm ihr Auto zur Verfügung.
Early und Carrie übernachten in einem Haus auf einem nuklearen Testgebiet, und Early vergewaltigt Carrie. Brian findet die beiden am nächsten Morgen und versucht, Early zu überwältigen. Er schlägt ihm mit einer Schaufel ins Gesicht.

Doch Early ist nur benommen, wenn auch blutüberströmt. Es kommt zum Kampf auf Leben und Tod. Schließlich stößt auch Carrie hinzu und schlägt Early von hinten zu Boden. Brian bekommt Earlys Revolver zu fassen. Als Early ihn abermals angreift, erschießt er ihn. Er sagt im Off-Kommentar, er hätte nichts dabei gefühlt. Doch sein Gewissen sei damit konfrontiert worden, was bei Early nie der Fall gewesen sei.
Zurück daheim arbeiten Brian und Carrie an dem geplanten Buch. Die besprochenen Protokollbänder und Carries Fotos rufen den Horrortrip noch einmal in Erinnerung.

ZUM FILM: Wer Brat Pitt verehrt und mag, wird von diesem Film schockiert sein. (Natürlich viele andere auch.) Brad Pitt spielt absolut kein Sex-Symbol. Er spielt völlig gegen sein

Von links: Brad Pitt, Juliette Lewis, Michelle Forbes und David Duchovny auf der Suche nach Tatorten von US-Serienmördern. Einer sitzt in KALIFORNIA *mit im Auto...*

»Image«. Nicht nur, daß er mit seinen langen, fettigen Haaren, dem ungepflegten Bart und dem schäbigen Äußeren abstoßend wirkt; besonders schockt, daß er als gnadenlos brutaler Killer seine Opfer sinnlos hinmetzelt und dies immer mehr eskaliert. Schon von Anfang an spielt er die Rolle des Early sehr undurchsichtig. Er trinkt permanent Bier und macht einen depressiven Eindruck. Er verkörpert einen unsympathischen, abartigen Typ, der die Regeln der Gesellschaft nur in einem Mindestmaß akzeptiert. Brian versucht einmal, die Seelenlage eines Serienkillers zu beschreiben:
»Wenn man träumt, treten die Naturgesetze außer Kraft. Menschen können fliegen, alles ist möglich. Manchmal gibt es Momente, da wacht man auf und wird sich der realen Welt um einen herum bewußt, aber man träumt noch. Dann glaubt man vielleicht immer noch, man könnte fliegen. Aber man probiert es nicht aus. Serienkiller leben ihr ganzes Leben über in einem solchen Zustand – irgendwo zwischen Traum und Wirklichkeit.«
So wirkt auch die Darstellungsweise von Brad Pitt. Er spielt wie in Trance, besoffen oder auf einem Trip. Bei einem Stopp an einer Tankstelle ermordet er in der Herrentoilette mit zahlreichen Messerstichen einen Mercedes-Fahrer, läßt ihn in seinem Blut liegen und raubt ihm sein Geld. Als Brian auf die Toilette will, hindert er ihn daran, indem er ihm sagt, er habe »einen abgeseilt« und es würde mörderisch stinken. Danach setzt er sich einfach seelenruhig an das Steuer des Cabrios und fährt weiter. Schon nach der Ermordung des Wohnwagenvermieters wird klar, daß Early nicht normal ist, doch nach dem Mord an dem Autofahrer wird es zur schrecklichen Gewißheit. Er ist ein eiskalter Killer. Was außerdem noch erschreckender und dennoch glaubhaft inszeniert ist, ist die Tatsache, daß Early seine Verbrechen und Morde einfach nach Lust und Laune ausüben kann, ohne (zunächst) dafür behelligt zu werden. Die Weite der Vereinigten Staaten und die Anonymität von Reisenden läßt dem Verbrecher den Freiraum, den er braucht, der ihn auch zu seinen Taten verführt, bis er durch die Fernsehfahndung gesucht wird. Danach wird er immer gewalttätiger.

Early Grace versucht Brian Kessler (David Duchovny) nicht nur die Technik des Schießens, sondern auch den Spaß daran zu vermitteln. Brian wird die Waffe noch brauchen: KALIFORNIA

Der Film versucht, eine Erklärung für Earlys gewalttätiges Verhalten anzudeuten. Dieser ist von seinem Vater nicht akzeptiert worden, und seine willfährige, naive Freundin Adele nennt er Mama. Aber diese psychologischen Ebenen lotet der Film nicht aus. Er versucht vielmehr, die Ebenen zwischen Theorie und Praxis darzustellen. Brian als Autor eines Buchs über die Verbrechen von Massenmördern wird direkt konfrontiert mit jemandem, der im Laufe der Begegnung zum Massenmörder wird. Es wirkt fast so, als ob Early sich selbst als Studienobjekt für Brians Nachforschungen aufdrängen will. Das gäbe seinem verkorksten Leben sogar noch einen – wenn auch fragwürdigen – Sinn.

Brad Pitt spielt diese verlorene Existenz, diesen Menschen, der sich nur noch durch Gewaltakte, durch Ermordungen definieren kann, mit der dazugehörigen, konsequenten Gewissenlosigkeit, ja fast schon Normalität. Als er den von ihm angeschossenen Polizisten endgültig erschießt, spricht er gar von »aktiver Sterbehilfe«, und das nicht einmal, ohne nicht davon richtig überzeugt zu sein. Hier hört eigentlich jedes

Verständnis für die Erzählung eines solchen menschlichen Schicksals auf. Es ist allerdings in letzter Zeit wieder Mode geworden, extreme Brutalität und Gewalt als »Alltagsgeschehen« auf die Leinwand zu bringen (TRUE ROMANCE, PULP FICTION, NATURAL BORN KILLERS, SIEBEN etc.).
Brad Pitt nahm für die Rolle etwa zehn Kilo zu und blieb während der Drehzeit auch privat so dreckig und unansehnlich, wie er im Film zu sehen ist.

KRITIKEN:

»Ein ultra-schwarzer, knochenharter Serienkiller-Thriller.« (W.O.P. Kistner in: *AZ*)

(Der Ausdruck »Serienkiller« wurde hier wie im Film falsch angewandt, denn im strengen Sinne mordet ein Serienkiller nach einem bestimmten System, so wie z. B. in SIEBEN/SEVEN nach dem Prinzip der sieben Todsünden, in DIE MORDE DES HERRN ABC/THE ALPHABET MURDERS (GB 1966) von Agatha Christie nach dem Alphabet oder in DIE SCHLEMMERORGIE/WHO IS KILLING THE GREAT CHEFS OF EUROPE? (GB 1978), wo berühmte europäische Chefköche die Opfer sind. Earlys Morde sind jedoch völlig impulsiv und geschehen aus der jeweiligen Situation heraus. Anm. d. A.)

Literaturhinweis: »Faszination Serienkiller« von Christian Krug und Werner Mathes in *Stern*, 6/1996.

TRUE ROMANCE

(TRUE ROMANCE) USA 1993; *Regie:* Tony Scott; *Buch:* Quentin Tarantino; *Kamera:* Jeffrey Kimball; *Musik:* Hans Zimmer; Songs: »Graceland« mit Charlie Sexton, »In Dreams« mit John Waite, »White Wedding« mit Billy Idol, »Wounded Bird« mit Charles & Eddie, »Skinny« mit The Skinny Boys, »Heartbreak Hotel« mit Val Kilmer, »Outshined« mit Sound-

garden, »Chantilly Lace« mit Big Bopper, »I Want Your Body« mit Nymphomania, »I Need A Heart To Come To« mit Shelby Lynne, »Viens Mallika Sous Le Dome Edais From Lakme« aus dem Film THE HUNGER, »The Other Side« mit Aerosmith, »Will You Love Me Tomorrow« mit The Shirrells, »(Love Is) The Tender Trap« mit Robert Palmer, »Everybody Loves Somebody« mit Jerry Delmonico, »Raga Yaman« mit Clem Alford, »All The Way« mit Jerry Delmonico, »A Little Bitty Tear« mit Burl Ives, »Learning The Blues« mit Jerry Delmonico, »Two Hearts« mit Chris Isaak; *Schnitt:* Michael Tronick, Christian Wagner; *Ton:* Robert G. Henderson (THX); Production Design: Benjamin Fernandez; *Bauten:* James J. Murakami; *Ausstattung:* Thomas L. Roysden; *Kostüme:* Susan Becker; *Make-up:* Ellen Wong; *Frisuren:* Ron Scott; *Special Effects:* Mike Meinardus; *Stunts:* Charles Picerni; *Produzenten:* Samuel Hadida, Steve Perry, Bill Unger; *Produktion:* Davis Films in Zusammenarbeit mit Morgan Creek Productions; *Länge:* 120 Min., gekürzte Fassung 100 Min.; *FSK:* ab 18, nffr.; gekürzte Fassung ab 16; *Kinostart:* 27.1.1994; *Verleih:* UIP; *Videoanbieter:* VMP Home Video/Vipro Video GmbH.
Darsteller: Christian Slater (Clarence Worley), Patricia Arquette (Alabama Whitman), Dennis Hopper (Clifford Worley), Val Kilmer (Mentor), Gary Oldman (Drexl Spivey), Brad Pitt (Floyd), Christopher Walken (Vincenzo Coccotti), Michael Rapaport (Dick Ritchie), Bronson Pinchot (Elliot Blitzer), Saul Rubinek (Lee Donowitz), Samuel J. Jackson (Big Don Watts), Chris Penn (Nicky Dimes), Tom Sizemore (Cody Nicholson), Conchita Ferrell (Marie Louise Ravencroft), James Gandolfini (Virgil), Anna Thomson (Lucy), Victor Argo (Lenny), Paul Bates (Marty), Maria Pitillo (Kandi), Kevin Corrigan (Marvin), Paul Ben-Victor (Luca), Michael Beach (Wurlitzer), John Bower (Detective), Eric Allan Kramer (Boris), Patrick John Hurley (Monty).

INHALT: An seinem 21. Geburtstag sitzt Elvis-Fan Clarence Worley im Kino und schaut sich Kung-Fu-Filme an. Da wird

Links außen: Brad Pitt in TRUE ROMANCE

er von der Prostituierten Alabama mit Popcorn überschüttet. So lernen sich die beiden kennen, was von Freunden vorher so geplant war. Doch aus der Romanze wird Liebe, und die beiden heiraten gleich. Alabamas Zuhälter will sie jedoch nicht ziehen lassen. Nach einem Streit erschießt Clarence ihn. Er flieht mit einem verwechselten Koffer, von dem er glaubt, daß es Alabamas Koffer sei, der aber Rauschgift enthält. Das junge Paar entschließt sich, die Ware im fernen Los Angeles im Filmmilieu zu verkaufen. Das bringt ihnen Mafiosi auf die Fersen. Die wiederum werden von der Polizei gejagt. Schließlich kommt es zum großen Geballere im Haus eines Kriegsfilmregisseurs. Alle beteiligten Gruppierungen schießen aufeinander los. Clarence verliert ein Auge dabei, doch er überlebt, genau wie Alabama. Am Schluß sieht man beide glücklich und zufrieden am Strand.

ZUM FILM: Der Film zeichnet sich durch eine permanente, systematische Zurschaustellung von Gewaltszenen aus. Diese bis ins Detail genau dargestellte Gewalt erfüllt aber keinerlei

dramaturgischen Zweck. Sie wird eher orgiastisch zelebriert und in die Länge gedehnt. Patricia Arquette wird in einer der härtesten Szenen auf die brutalste Weise zusammengeschlagen, bis sie schließlich blutüberströmt mit letzter Kraft ihrerseits ihren Peiniger erstechen kann. Der Filmkritiker Thierry Chervel stellt den Film auf die Ebene der zumeist indizierten »Splatter«-Filme, in denen das Zermetzeln von Menschen oft der einzige Inhalt war. Seine Einschätzung dieses Films: »Einander überstürzende Schocks sollen die Aufmerksamkeit des stets als unkonzentriert gedachten Zuschauers wachhalten. Die ganze Phantasie wird in möglichst drastische Tode investiert. Die Geschichte, in der sie gestorben werden, ist im Grunde gleichgültig.«[61] Auch Kritiker Frank Schnelle kommt zu einem fatalen Urteil. Er hält die ganze Geschichte für »unausgewogen und unausgegoren. Sie strotzt vor Lärm, Sadismus und Gewalt, mischt Action und Satire, Härte und Komik, Roadmovie und Kammerspiel.«[62] Das Drehbuch stammt von Autor und Regisseur Quentin Tarantino. Es entstand vor seinem eigenen Film RESERVOIR DOGS, auch kein sanfter Film. (Mit NATURAL BORN KILLERS hat auch Oliver Stone die Gewaltdiskussion wieder angeheizt.)
Brad Pitt spielt in diesem Film des TOP-GUN-Regisseurs Tony Scott die unbedeutende, untergeordnete Rolle des Kiffers Floyd. Er hat kaum Gelegenheit, sich auszuzeichnen, zeigt aber immerhin Mut zur Häßlichkeit. Stars wie Gary Oldman, Dennis Hopper und Christopher Walken kommen ebenso nur in Gastrollen zur Geltung.

KRITIKEN:

»...Trash-Zitate und In-Jokes, Gastauftritte populärer Jungstars und grelle Accessoires – darunter der unvermeidliche Kunstpelz der kindlichen Heldin – weisen Scotts Film als Verlängerung jenes marktgängigen Killer-Schicks aus, der die ehemalige Hardcore-Szene aufgesogen hat. David Lynchs WILD AT HEART war die Haute-Couture-Version des Trends, Dominic Senas KALIFORNIA das Designer-Modell, dies ist die

Version von der Stange.«[63] (Sabine Horst in: Frankfurter Rundschau)

»Kein Wunder, ... daß einem die – übrigens erstaunlich unspannende – Mixtur aus Werbefilm-Chic, coolen Hitparadennummern und übersteigerter Brutalität irgendwann unangenehm aufstößt ...«[64] (Otto Heuer in: *Rheinische Post*)

»... Ein Comic- und Pop-art-Märchen mit einem umwerfenden Showdown und einem hemmungslos überzogenen Happy-End...«[65] (Volker Gunske in: *tip*)

»In TRUE ROMANCE verhunzt Tony Scott ein Drehbuch von Quentin Tarantino zum kindischen Ballerfilm, in dem die Gewalt zum Witz wird.«[66] (Milan Pavlovic in: *Kölner Stadt-Anzeiger*)

Floyd, der Kiffer: Brad Pitt in TRUE ROMANCE

INTERVIEW MIT EINEM VAMPIR – AUS DER CHRONIK DER VAMPIRE

(INTERVIEW WITH A VAMPIRE: THE VAMPIRE CHRONICLES) USA 1994; *Regie:* Neil Jordan; *Buch:* Anne Rice nach ihrem gleichnamigen Roman; *Kamera:* Philippe Rousselot (Technicolor); *Musik:* Elliot Goldenthal; *Songs & Stücke:* »Sympathy For The Devil« von Mick Jagger & Keith Richards mit Guns 'n' Roses, »Terpsichore and Harp in B Flat« von Georg Friedrich Händel, »Sonata In F Sharp« von Antonio Soler, »Sonata In E Flat Adagio Cantabile« von Joseph Haydn; *Schnitt:* Mick Audsley, Joke Van Wijk; *Ton:* Clive Winter; *Kostüme:* Sandy Powell; *Make-Up:* Michele Burke; Vampir Make-up und Effekte: Stan Winston; Visuelle Effekte: Digital Domain, Venice/California; Frisuren: Jan Archibald; *Perücken:* Renata Leuschner; *Kontaktlinsen:* Johanna Pizzo; *Production Design:* Dante Ferretti; *Ausstattung:* Francesca Lo Schiawo; Bauten: Malcolm Middleton; *Stunts:* Greg Powell; Special Effects: Yves De Bono; *Casting:* Juliet Taylor, Susie Figgis; *Produzenten:* David Geffen, Stephen Woolley; *Produktion:* The Geffen Film Company für Warner Brothers; *Länge:* 122 Min.; Farbe; *FSK:* ab 16, feiertagsfrei; *FBW:* Wertvoll; Kinostart: 1.12.1994; Verleih: Warner Brothers Film GmbH; *Videoanbieter:* Warner Home Video (117 Min.).
Darsteller: Tom Cruise (Lestat), Brad Pitt (Louis), Antonio Banderas (Armand), Stephen Rea (Santiago), Kirsten Dunst (Claudia), Christan Slater (Malloy), Domiziana Giordano (Madeleine), Thandie Newton (Yvette), Indra Ove (Hure in New Orleans), Helen McCrory (2. Hure), Mike Seelig (Zuhälter), John McConnell (Glücksspieler), Bellina Logan (Mädchen in Kneipe), Nathalie Bloch (Hausmädchen), Lyla Hay Owen (Witwe St. Clair), Lee Emery (Geliebter der Witwe), Roger Lloyd Pack (Klavierlehrer), George Kelly (Puppenhersteller), Micha Bergese, Rory Edwards, Marcel Jures, Susan Lynch, Louise Salter, Matthew Sim, François Testory, Andrew Tiernan, Simon Tyrell, George Yiasoumi (Vampire in Paris), Laure Marsac (Vampiropfer auf der

Brad Pitt bei der Premiere von INTERVIEW MIT EINEM VAMPIR *am 9. November 1994 in Westwood, Kalifornien.*

Bühne), Sara Stockbridge (Estelle), Katia Caballero (Zuschauerin).
Gefilmt in New Orleans, San Francisco, Paris und den Pinewood Studios, London, GB.

Dem Gedenken an River Phoenix (1970–1993) gewidmet. (Der talentierte Jungschauspieler River Phoenix verstarb während der Dreharbeiten an unkontrolliertem Drogenkonsum. Seine Rolle des Journalisten Malloy übernahm Christan Slater.)

INHALT: Der Journalist Malloy sucht den Vampir Louis auf dessen Einladung hin in San Francisco auf. Dieser erzählt ihm seine »Lebens«geschichte:
1791. Louis ist 24 Jahre alt und Plantagenbesitzer südlich von New Orleans. Seine Frau ist gerade im Kindbett gestorben, und er ist voller Verzweiflung und Todessehnsucht, als ihn der Vampir Lestat, der seinen Wunsch zu sterben erkannt hat, in den Hals beißt und aussaugt. Lestat bietet ihm die Möglichkeit, zu sterben und doch unendlich weiterzuleben. Louis willigt ein. Lestat beißt sich eine Ader am Arm auf und träufelt sein Blut in Louis' Mund. So wird auch Louis ein Vampir, der kein Sonnenlicht erträgt, im Sarg schläft und von fremdem Blut lebt. Kruzifixen gegenüber ist er unempfindlich.
Nachdem Louis gelernt hat, Opfer auszusaugen, »adoptieren« er und Lestat das kleine Mädchen Claudia, das Lestat zur Vampirin macht. Sie erweist sich als überaus blutdurstig. Selbst nach 30 Jahren sieht sie noch aus wie ein Kind. Aber sie ist mit der permanenten Gegenwart von Lestat unzufrieden und will ihn verlassen. Sie besorgt ihm zwei Knaben, die sie zuvor mit Laudanum getötet hat. Lestat trinkt das Blut des einen und wird völlig geschwächt. Diese Situation nutzt Claudia aus, um ihm die Kehle durchzuschneiden. Sein Blut überströmt das ganze Zimmer. Sie versenkt zusammen mit Louis seinen Kadaver in einem Sumpf, wo er scheinbar von einem Alligator gefressen wird.

Doch plötzlich taucht er halb verwest in seiner Wohnung in New Orleans wieder auf. Er hat sich vom Blut des Alligators und von Schlangenblut ernährt und ist wieder zu Kräften gekommen. Nun will er Rache an Claudia nehmen, doch Louis schmeißt mit der Petroleumlampe nach ihm, und er verbrennt scheinbar, weil das ganze Stadtviertel gleich in Flammen steht. Louis und Claudia flüchten sich auf ein Schiff nach Europa. Dort suchen sie nach weiteren Vampiren, auch in Transsylvanien. Doch sie finden nicht einmal Spuren von Graf Dracula. Louis: »Die geschmacklose Erfindung eines verrückt gewordenen Iren.« (Bram Stoker aus Dublin/Irland hat die Figur des Vampirgrafen Dracula als Romangestalt erfunden, tatsächlich hat es aber im Mittelalter in Transylvanien einen Vlad Tepes Dracul gegeben, an dem sich Stoker orientiert hat. Anm. d. A.)
Paris 1870. Louis und Claudia treffen nach langer Suche tatsächlich auf Vampire. Sie betreiben das »Theater der Vampire«. Ihr Anführer ist der 400 Jahre alte Armand, der älteste aktive Vampir. Er hat auch Lestat gekannt. Armand ist faszi-

Das Interview mit einem Vampir beginnt...

niert von Louis' Schönheit. Er will dessen Lehrmeister sein. Doch die anderen Vampire des Theaters sperren Louis in einen Sarg und Claudia in ein zugemauertes Verlies, wo sie zusammen mit einer anderen Vampirin von Sonnenstrahlen verbrannt wird. Armand befreit Louis jedoch. Aus Rache zündet Louis die ganze Gruft an und vernichtet so die Vampire. Armand war jedoch außerhalb der Katakomben und verhilft Louis zur Flucht. Er wirbt um ihn als Gefährten, doch Louis verläßt ihn, bereist die Stätten der Antike in Italien und Griechenland und kehrt schließlich in die USA zurück. Dort sieht er im Kino zum ersten Mal wieder einen Sonnenaufgang im Film SUNRISE (USA 1927) von Friedrich Wilhelm Murnau, von dem er sich auch den Film NOSFERATU – EINE SYMPHONIE DES GRAUENS (Deutschland 1921) anschaut. Schließlich kommt er 1988 – zurück in New Orleans – aus einem Kino, in dem der Film TEQUILA SUNRISE (USA 1988) von Robert Towne gezeigt wird.
Auf dem Friedhof trifft er den schwächlichen Lestat an, der einmal mehr um seine Gunst bittet, doch Louis verläßt ihn.

Tom Cruise und Brad Pitt

Damit beendet er auch das Interview. Er sagt, er sei nun leergebrannt. Der Journalist Malloy meint, daß Louis ihn, Malloy, ja nur als Gefährten suche, als Verbindung zur Außenwelt, doch Louis leugnet das und fährt Malloy grob an. Der flüchtet in seinem Auto, wird jedoch während der Fahrt von Lestat, der sich auf dem Rücksitz versteckt hielt, in den Hals gebissen. So wird er wohl Lestats Gefährte, der inzwischen am Steuer sitzt.

ZUM FILM: Nachdem Francis Ford Coppola mit seiner Fassung von BRAM STOKER'S DRACULA das populäre Vampirfilm-Genre einmal mehr aus der Gruft des Blutsaugergeschlechts emporhievte, war die Figur des durstigen Untoten wieder ein gefragtes Filmthema, wie eigentlich schon immer seit Friedrich Wilhelm Murnaus Klassiker NOSFERATU – EINE SYMPHONIE DES GRAUENS (Deutschland 1921), angeregt durch den Roman »Dracula« des Iren Bram Stoker. Der Regisseur dieses Films, Neil Jordan, ist auch Ire. Er stammt aus Bray, südlich von Dublin, Irlands momentan emsigster internationaler Film- und Fernsehmetropole (»Europas Hollywood«). Durch seine Filme ZEIT DER WÖLFE und HIGH SPIRITS hat er bewiesen, daß er eine Vorliebe für das phantastische Genre besitzt und in diesem Metier sein Handwerk versteht.
Es gab jedoch im Vorfeld lautstarke Kritik der Roman- und Drehbuchautorin Anne Rice an der Besetzung des körperlich nicht sehr großen Tom Cruise als Vampir Lestat. Sie hatte zunächst völlig andere Besetzungsvorstellungen, wollte das Studio verklagen und ihren Namen zurückziehen. Sie verkündete überall und immer wieder, daß jeder x-beliebige andere als Tom Cruise die bessere Wahl sei, um als Vampir Lestat Brad Pitt als Louis zu einem Untoten zu machen. Doch als sie die fertige Filmversion gesehen hatte, war sie ganz anderer Meinung und unterstützte den Film, so gut sie es nur konnte. Sie gab ganzseitige Anzeigen im Branchenblatt *Daily Variety* auf, um den Film zu fördern. Auch in der Talkshow »Larry King live« auf CNN beteuerte sie ihren Ge-

Regisseur Neil Jordan

sinnungswandel. Der Regisseur hat es allerdings geschickt vermieden, Brad Pitt und Tom Cruise in einer Szene gemeinsam stehend zu zeigen. Entweder sitzt Tom Cruise oder Brad Pitt liegt unter ihm. So werden die Größenunterschiede nie offensichtlich. Aber seltsam wirkt es schon, wenn man die Vorgeschichte kennt.

Bei den Dreharbeiten gab es aber durchaus heftige Probleme und Tragik. Journalist Chris Mundy vom *Rolling Stone* versuchte, einen Interviewtermin mit Brad Pitt am Drehort in New Orleans zu bekommen. Sein Fazit: »Vom Beginn der Dreharbeiten an war Interview wie soll ich sagen, eine Welt voller Scheiße (›a world of shit‹).«[67] Tom Cruise ließ seinen Star-Status heraushängen und verlangte die totale Kontrolle über die Dreharbeiten, dazu absolute Unzugänglichkeit für die Presse und Beobachter (»Closed Set«) sowie totale Verschwiegenheit für alle am Dreh Beteiligten.

Dazu kam der erwähnte, unerwartete Tod des jungen River Phoenix, der den Journalisten Malloy spielen sollte. Phoenix galt als Riesentalent und Drogenfeind. Und dennoch starb er

unmittelbar vor Drehbeginn mit 23 Jahren auf offener Straße an einem überdosierten Drogenmix aus Heroin und Kokain. Ihm ist der Film gewidmet, obwohl er sich mit seinem Image als »Good Boy« Hollywoods wohl gerne eine andere Widmung gewünscht hätte.
Brad Pitt hatte sich für einige Zeit daraufhin erst einmal völlig zurückgezogen. Später erklärte er: »Sie müssen verstehen, ich spiele in dem Film jemanden, der sich die ganze Zeit umbringen möchte. Ich habe mich privat niemals umbringen wollen. Es lief ziemlich alles schief. Ich mag es einfach nicht, wenn ein Film einem das Leben versaut. Jetzt möchte ich gerne eine Figur spielen, die jedem mal eins drauf gibt, damit ich mich dabei wohl fühle.«[68] Kurz zuvor hatte er noch euphorisch über seine Kollegen River Phoenix, Johnny Depp (dem die In-Kneipe am Sunset Boulevard in Hollywood gehört, wo Phoenix die tödlichen Drogen zu sich nahm), Keanu Reeves u. a. gesagt: »Wir geben uns, wie wir sind. Wir wissen, was wir wollen, trotzdem sind wir entspannt.«[69]
»Ich kannte River einigermaßen, aber ich wollte ihn besser

Kirsten Dunst, Brad Pitt und Tom Cruise: Szene aus INTERVIEW MIT EINEM VAMPIR

kennenlernen. Sein Tod hat jeden am Film Beteiligten schockiert ... Ich hatte mich wirklich darauf gefreut, mit ihm zu arbeiten. Es kam mir so vor, als wir ihn verloren, daß wir jemand außergewöhnlich Besonderen verloren haben.«[70]
Brad Pitt war für die zentrale Titelfigur des Vampirs, der dem Journalisten Malloy in einem Interview Rede und Antwort steht, nicht von vornherein vorgesehen. Zuerst wurde die Rolle dem in Irland lebenden Engländer Daniel Day-Lewis angeboten. Dieser lehnte jedoch ab. Brad Pitt: »Ich erfuhr, daß die Rolle des Louis Daniel Day-Lewis angeboten worden war, und seine Antwort war, daß er sich nicht zumuten wolle, was die Rolle ihm antun würde. Ehrlich, er ist einer meiner Lieblingsschauspieler, aber ich dachte: ›Au weia, wieder Schauspielergewäsch.‹ Doch jetzt weiß ich, was er meinte. Als ich das Buch las, fand ich es großartig. Ich halte auch den Film für gut und bin stolz darauf. Den Film zu drehen, ist mir jedoch nicht gut bekommen.«[71]
Regisseur Neil Jordan begründet die Wahl Brad Pitts folgendermaßen: »Dieser Charakter muß eine gewisse Verletzlich-

Flucht nach Europa: Kirsten Dunst und Brad Pitt

keit an den Tag legen, eine Eigenschaft, die genau auf Brad zutrifft ... Ein Charakter, der vor allem auf der Gefühlsebene funktioniert. Brad strahlt exakt dieses Gefühl aus, und er kann glaubwürdig vermitteln, was auf der emotionalen Ebene passiert. Durch die Figur des Louis erhält man auf ganz unterschiedliche Weise eine klassische moralische Erzählung. Louis läßt sich auf diesen Faustschen Handel ein: sein Pakt mit Lestat bewahrt ihn zwar vor Schmerz, Krankheit und Tod, entzieht ihm aber auch jegliche Menschlichkeit. Und so verliert er letztendlich viel mehr als er gewonnen hat.«[72]

Brad Pitt spielt den Vampir Louis ohne jede Anlehnung an das klassische Horrorgehabe eines Bela Lugosi oder die furchteinflößende Dominanz eines Christopher Lee. Er verkörpert den Blutsauger mit der sentimentalen Traurigkeit eines Schattenwesens, das sich mit seiner Unsterblichkeit abzufinden bemüht, ohne damit je zufrieden zu sein. Bis auf einige intensive Szenen mit Tom Cruise stellt der Film jedoch kaum große Herausforderungen für ihn dar. Zwar ist er die Hauptfigur – alle Tom Cruise-Fans müssen das einsehen –, doch er spielt gezügelt, angeleint, verhalten. Er ist überhaupt nicht der typische Vampir, der aus den berühmten Filmen bekannt ist. Er schaut sich gerne Kruzifixe an und hält die Tötung mittels eines Holzpflocks für unwirksam. Er stellt keine Herrschaftsansprüche und nimmt keine unterschiedlichen Gestalten an. Er hat auch kein besonderes Gebiß. Seine Eckzähne sind fast normal groß. Seine Haare sind lang, aber sonst ist an ihm nichts Außergewöhnliches zu erkennen. Nur wenn seine Augen gezeigt werden und er in Rage ist, dann erkennt man katzenartige, grüne Pupillen, die von Kontaktlinsen bewerkstelligt werden.

Die Spielweise der beiden Stars ist sehr unterschiedlich. Kirsten Dunst, die Darstellerin der Claudia, beschreibt ihre Erfahrungen folgendermaßen: »Brad Pitt ist ein richtig unbekümmerter Typ. Tom ist sehr präzise. Er will alles ganz perfekt machen.«[73] Pitt selbst sagt: »Ich dachte die ganze Zeit über, daß es einen unterschwelligen Konkurrenzkampf unter uns gab, der einer wahrhaftigen Verständigung im Weg stand. Tom ist der Nordpol, ich bin der Südpol.«[74] In einem Interview mit der Zeitschrift *Rolling Stone* gibt er auf die Frage nach der Zusammenarbeit mit Tom Cruise die sehr deutliche Antwort: »Ich muß Ihnen sagen, Antonio Banderas ist ein wahnsinnig netter Kerl.«[75]

Brad Pitt kann schon gar nichts mit Tom Cruises Lebenstil anfangen. Er hält auch eher Sean Penn, dessen Filme nicht so viel Geld einspielen als Cruises, für den Besten in dieser Altersgruppe. Aber über seinen Kollegen Cruise sagt er kollegial: »Ich mag den Kerl. Ich mag ihn wirklich. Doch von einem bestimmten Zeitpunkt an konnte ich ihn wirlich nicht mehr ausstehen. Ich habe inzwischen herausgefunden, daß es an den verschiedenen Rollen lag, die wir spielten. (Er lacht.) Die Leute nehmen alles so wichtig. Es war ja nur ein Film, und der ist im Kasten.«[76]

Regisseur Neil Jordan stellt die Rollen als Konfliktstoff dar: »Ich habe die Gerüchte nicht mitbekommen, daß Brad und Tom nicht miteinander klarkamen. Ihre Rollen waren sehr

Anstrengend ist das Vampirleben...

unterschiedlich. Toms Figur liebt die Kontrolle und das Ausüben von Schmerzen auf Brads Figur. Brads Figur will einfach nur flüchten. Größtenteils gingen sie miteinander um, wie ihre Figuren im Film. Brad hat unter dieser Rolle wirklich gelitten. Er war außerdem noch total erschöpft von seiner Rolle in LEGENDEN DER LEIDENSCHAFT. Er hat sich wirklich zermartert.«[77]

Nichts ist geblieben von dem amerikanischen Universal-Studios-Horror aus den 30er Jahren oder dem englischen Hammer-Studios-Horror der 50er Jahre. Damit dürften die Fans des klassischen Vampirfilms ihre Schwierigkeiten haben. Sie werden nicht in der gewohnten Form bedient. Francis Ford Coppola versuchte mit seinem Film BRAM STOKER'S DRAKULA (USA 1993) die bekannten und traditionellen Elemente des deutschen, rumänischen, italienischen, englischen, amerikanischen und spanischen Vampirfilms rabiat zu vereinen, um aufgrund seiner Vorstellungen zu einem endgültigen Dracula-Film zu gelangen, was er aber nicht wurde, und der

Brad Pitt mit Antonio Banderas in INTERVIEW MIT EINEM VAMPIR

schon gar nicht diesen ultimativen Titel verdient, unter dem er nun geführt wird.
Anne Rice hat ihren Bestseller INTERVIEW MIT EINEM VAMPIR bereits 1976 veröffentlicht. Ihre Interventionen gegen den Film haben sowohl sie selbst, ihren Roman und letzten Endes den Film ins Gespräch gebracht und alle Beteiligten 1995 richtig reich gemacht. Die homoerotische Komponente ihres Werks läßt der Film weitgehend außer acht, auch wenn sich Tom Cruise und Brad Pitt küssen.
Dies ist Brad Pitts zweite Zusammenarbeit mit dem französischen Kameramann Philippe Rousselot nach AUS DER MITTE ENTSPRINGT EIN FLUSS. Der Produzent von INTERVIEW MIT EINEM VAMPIR, David Geffen, der unlängst zusammen mit Steven Spielberg und Jeffrey Katzenberg eine neue Filmproduktionsgesellschaft gegründet hat, attestiert Brad Pitt: »Brad ist einer der attraktivsten und talentiertesten Schauspieler, die es heute in der Welt gibt. Er wird bestimmt zu einem der größten Schauspieler, die es gibt.«[78]

KRITIKEN:

»Ein schwerblütiges Stück über Horror-Themen und den Preis für Unsterblichkeit mit einem homoerotischen Subtext. Doch es fehlten die emotionale Tiefe und erzählerische Glaubwürdigkeit im Laufe der Jahrhunderte. Lediglich die Studio-Dekorationen bleiben im Gedächtnis.«[79] *(Halliwell's Film Guide)*

»Eine blutarmes Erlebnis. Es flößt keine Angst ein, noch weniger schockiert es. Statt Angst vermittelt es Ekel. Es ist einfach ein unehrlicher, heuchlerischer Film. Größtenteils ist es eine Stilübung in Sado-Masochismus, die versucht, sich durch die Vampirismus-Legende zu legitimieren, denn die modernen Perversionen würden sich im modernen Gewand und in zeitgenössischer Umgebung kaum legal darstellen lassen.«[80] (Alexander Walker in: *London Evening Standard*)

Brad Pitt als Vampir Louis

Literaturhinweis:

Zum Thema Vampyrismus (alte Schreibweise) gibt es ein breites Angebot an Literatur. Ganz neu auf dem Markt ist ein sehr empfehlenswertes, gut verständliches Buch des

Frankfurter Vampyrismusforschers Hans Meurer: *Der dunkle Mythos*, Edition Argus, Turmackerstr. 1, D-79418 Schliengen (07635/3444). Hans Meurer ist seit 20 Jahren Vampyrologieforscher und verfügt über enorme Kenntnisse auf diesem Gebiet. Er schrieb auch das erhellende Vorwort zum Heyne-Filmbuch *Die Dracula-Filme* und wird gerne als Fachmann, Berater und Autor zu diesem Thema in Anspruch genommen.

LEGENDEN DER LEIDENSCHAFT – LEGENDS OF THE FALL

(LEGENDS OF THE FALL) USA 1995; *Regie:* Edward Zwick; *Buch:* Susan Shilliday, Bill Wittliff nach der Novelle von Jim Harrison; *Kamera:* John Toll (Technicolor, Panavison); *Musik:* James Horner; »Twilight And Mist« von James Horner und Brock Walsh; *Schnitt:* Steven Rosenblum; *Production Design:* Lilly Kilvert; *Bauten:* Rick Roberts, Andrew Precht; *Ausstattung:* Dorree Cooper; Kostüme: Deborah Scott; *Stunts:* Gary Combs, Brent Woolsey; *Bär-Stunts:* Doug Seus (Doug Seus‹ Wasaich Rocky Mountain Wildlife, Inc.); *Special Effects:* Mike Vezina; *Kostüme:* Kate Pierpoint, Dawn Line, Ed Fincher, B.J. McClean, Rose Johnson; *Make-up:* Gail Kennedy; *Frisuren:* Iloe Flewelling; Casting: Mary Colquhoun; *Produzenten:* Edward Zwick, Bill Wittliff, Marshall Herskovitz; *Produktion:* Bedford Falls/Pangaea für Columbia Tri Star; *Länge:* 127 Min.; Farbe; *FSK:* ab 12; *Kinostart:* 30.5.1995; *Verleih:* UIP; *Videoanbieter:* Columbia Tri-Star; Dolby-Stereo-Surround.

Darsteller: Brad Pitt (Tristan Ludlow), Anthony Hopkins (Colonel William Ludlow), Aidan Quinn (Alfred Ludlow), Julia Ormond (Susannah Fincannon), Henry Thomas (Samuel Ludlow), Karina Lombard (Isabel 2), Gordon Tootoosis (One Stab), Christina Pickles (Isabel Ludlow), Paul Desmond (Decker), Tantoo Cardinal (Pet), Robert Wisden (John T. O'Banion), John Nowack (James O'Banion), Kenneth

Welsh (Sheriff), Bill Dow (Longley), Sam Sarkar (Rodriguez), Nigel Bennett (Asgaard), Keegan Macintosh (Tristan als Junge), Eric Johnson (Tristan mit 10), Randall Slavin (Alfred mit 10), Doug Hughes (Samuel mit 10), Sekwan Auger (die junge Isabel 2), David Kaye (Samuel Decker), Christine Harder (Isabel 3), Charles Andre (Federal Officer), Weston McMillan (Noel), Aaron Goettel (Freund des Corporals), Brian Stollrey (Captain), Bill Croft (Barman), Ray Godshell (Geschäftsmann), Marc Levy (Butler), Winnie Hung (Chinesin), Simon Sherwood (Offizier), Rob Hrdlicka (kanadischer Soldat), Channing Knull (kanadischer Soldat), Ken Kirzinger, John D. Cameron; Bart, der Bär.
Deutsche Synchronschauspieler: Martin Kessler (Brad Pitt), Rolf Schult (Anthony Hopkins), Irina von Bentheim (Julia Ormond), Friedrich W. Bauschulte (Gordon Tootoosis), Matthias Einert (Aidan Quinn), Timo Niesner (Henry Thomas), Katrin Dams (Karina Lombard), Ulrike Lau (Tantoo Cardinal), Eberhard Prüter (Paul Desmond), Kerstin Sanders-Dornseif (Christina Pickles), Helmut Gauß (Robert Wis-

Brad Pitt posiert auf der Veranda der Ludlow-Ranch in Montana für ein Publicity-Photo zu LEGENDEN DER LEIDENSCHAFT

den), Frank-Otto Schenk (John Novak), Gerd Holtenau (Kenneth Welsh); *Buch & Regie:* Jürgen Neu (Rondo Film GmbH).
Gedreht in Alberta, Vancouver/Kanada und Jamaica. Speziellen Dank an die Menschen von »The Stoney Nation«.

»Golden Globe«-Nominierung für Brad Pitt als bester Schauspieler.

INHALT: »Manche Menschen hören mit großer Klarheit ihre inneren Stimmen. Und sie leben nach dem, was sie hören. Solche Menschen werden entweder verrückt, oder sie werden zu Legenden.« So beginnt der Film in der Erinnerung des alten Indianers One Stab, der auf der Farm der Ludlows lebte. Colonel Ludlow hat sich nach den Indianerkriegen in die Berge von Montana zurückgezogen, dort eine Ranch gebaut und eine Familie gegründet. Außerdem wohnen noch die Indianerin Pet und ihr Mann Decker mit ihrer kleinen Tochter Isabel 2 dort sowie One Stab. Als die drei Söhne Jugendliche sind, verläßt ihn seine Frau Isabel wegen des rauhen Lebens. Doch per Brief bleibt die Familie in Kontakt mit ihr.
Tristan, der mittlere der Söhne, entpuppt sich schon bald als der abenteuerlustigste, der vieles von dem übernimmt, was ihn der Indianer One Stab lehrt. Samuel genießt schließlich ein Studium in Harvard und lernt dort die elternlose Susannah kennen. Die beiden verloben sich. Samuel bringt sie mit auf die Ranch in Montana, wo sie alle gleich ins Herz schließen. Die wohlerzogene Susannah bringt Anreiz und Kultiviertheit in den Männerhaushalt. Und sie ist dort glücklich. Doch Samuel fühlt sich berufen, 1914 als Freiwilliger in den Ersten Weltkrieg nach Europa zu ziehen. Gegen den Willen des Vaters, der als Colonel im Indianerkrieg mit seinen friedfertigen Ansichten gescheitert ist, ziehen alle drei Söhne in den Krieg an der Front in Frankreich. »Isabel, ich habe versucht, unsere Söhne vor diesem Wahnsinn zu bewahren, und nun ziehen sie los, um ihm zu begegnen«, schreibt Colonel Ludlow an seine Frau.

Und so kommt es auch. Tristan hat zwar seinem Vater versprochen, daß er auf Samuel aufpassen würde, dennoch kommt Samuel im Kugelhagel um. Tristan schneidet ihm nach Indianersitte das Herz heraus und Alfred nimmt es mit zur Bestattung in Montana. Tristan kommt erst später nach Hause, da er noch zu seinem Großvater in Cornwall reist. Als er schließlich zurückkehrt, findet er in seinem Bruder Alfred einen Widersacher, denn er hat ohne Erfolg Susannah seine Liebe gestanden. Sie hat aber Tristan ins Herz geschlossen, der an Samuels Grab bitterlich weint. Schließlich ist Tristan vergönnt, was Samuel nicht wagte und Alfred verweigert wurde, eine gemeinsame Liebesnacht mit Susannah. Alfred zieht daraufhin nach Helena, der geschäftigen Hauptstadt Montanas, wo er einen bald gut florierenden Vieh- und Getreidehandel betreibt. Der unstete Tristan verläßt Susannah und Montana, um über die Weltmeere zu segeln. Er schreibt Susannah, sie solle einen anderen heiraten, und läßt jahrelang nichts mehr von sich hören.
Als Tristan endlich wieder heimkehrt, hat Susannah bereits Alfred geheiratet, der mittlerweile Kongreßabgeordneter ist. Das akzeptiert Tristan, der seinerseits Isabel 2 heiratet, die inzwischen 20 Jahre alt ist. Sie bekommen ein Kind. Es heißt Samuel Decker-Ludlow. Bald folgt ein zweites. Tristan verdient sein Geld als Schnapsschmuggler. Damit untergräbt er die Interessen der Brüder O'Bannion, die das Monopol besitzen. Sie hetzen die Polizei auf ihn. Ein Warnschuß tötet tragischerweise seine Frau Isabel 2. Der rasende Tristan schlägt den Schützen nieder. Dafür muß er ins Gefängnis. Dort besucht ihn die unglückliche Susannah und beteuert, daß sie den Tod von Samuel und Isabel 2 nicht gewünscht habe, was praktisch das Gegenteil aussagt. Sich ihrer fatalen Äußerung bewußt, schneidet sie sich in ihrem Zimmer ihre langen Locken ab und erschießt sich. Sie wird neben Samuel begraben.
Die Schnapsschmuggler tauchen bewaffnet auf der Ranch auf. Sie wollen Tristan töten, der Colonel und Alfred können die Angreifer im letzten Moment unschädlich machen. Aber Tristan muß nun die Ranch verlassen, da er jetzt mit Sicher-

heit angeklagt und hingerichtet würde. Er übergibt die Erziehung seiner beiden Kinder seinem Bruder Alfred. (»Es ist mir eine Ehre, Bruder.«) Tristan wird als alter Mann 1963 in den Wäldern des Nordens von einem Grizzly-Bären getötet.

ZUM FILM: Der Film spielte in den USA mehr als 65 Millionen Dollar an der Kinokasse ein und stand vier Wochen in Folge auf Platz eins der Kinocharts. Er bietet alles, was das Herz des Kinogängers begehrt: wunderbare Landschaften, erstklassige Schauspieler, große Emotionen, Geborgenheit, Liebe, Kampf und Tragik. Es ist ein groß angelegtes, episches Werk in der Tradition von klassischen Familiensagen wie GIGANTEN/GIANTS (USA 1956) oder WEITES LAND/THE BIG COUNTRY (USA 1958). Allerdings hat Regisseur Edward Zwick nicht das dramatische Gespür für eine einfache, traditionelle Inszenierung, wie George Stevens oder William

Tristan (Brad Pitt) kehrt seinem Vater (Anthony Hopkins, im Hintergrund) den Rücken zu und verläßt die Ranch; doch nach Jahren wird er zurückkommen.

Auf hoher See versucht Tristan (Brad Pitt) neue Erfahrungen zu sammeln und neue Kulturen zu entdecken: LEGENDEN DER LEIDENSCHAFT

Wyler, die Maßstäbe gesetzt haben. Trotzdem inszeniert er sehr bewegend die aufregende Geschichte der Ludlows, die allen Höhen und vor allem Tiefen ausgesetzt ist.
Seine besten Helfer dabei sind nicht nur in erster Linie die grandiosen Schauspieler, sondern auch der Komponist James Horner und sein großes Orchester. Sein pathetischer, fulminanter Soundtrack verleiht selbst den banalsten Szenen eine emotionale, tiefgreifende und anrührende Wirkung. So sind z. B. herrliche Landschaftsaufnahmen mit unwiderstehlichen, emotionalen Klängen unterlegt. Ein einfacher Ritt über die Hochebene wird durch die Musik zu einem elementaren Ereignis stilisiert, was es ja aus menschlicher Sicht auch ist. (Brad Pitt kann hier seine exzellenten Reitkünste unter Beweis stellen, sein Pferd auch.)
Brad Pitt verkörpert mit seinen wallenden, blonden Haaren den Außenseiter der Familie, der unangepaßt und ungebändigt ist. Doch im Herzen seines Vaters besitzt er den größten

LEGENDEN DER LEIDENSCHAFT

Platz. Die Darstellung des Tristan erfordert die gesamte Bandbreite des Gefühlsausdrucks. Von Freude über Panik und Entsetzen, tiefer Trauer, rasender Wut, Sehnsucht, Gleichgültigkeit und Sympathie. Es gibt Filme, bei denen der Hauptdarsteller mit nur einem Gesichtsausdruck auskommt, was zur Figur oder Handlung mitunter auch paßt. Gerade im herkömmlichen Western sind die Charaktere oft so ein-

Als Tristan in LEGENDEN DER LEIDENSCHAFT kann Brad Pitt seiner Hundeliebe frönen.

dimensional, daß sie kaum eine Miene verziehen. Gelacht wird selten, geweint schon gar nicht.

Anders hier: Brad Pitt weint am Grab seines Bruders bittere Tränen und läßt seinen Emotionen freien Lauf. Auch die hinzukommende Susannah kann ihn nicht trösten. Die drei Söhne in diesem späten Spätwestern stehen für den Wandel der Gesellschaft in den Vereinigten Staaten nach der Jahrhundertwende. Tristan verkörpert noch die alten Werte von Freiheit und Abenteuer, aber auch von bedingungsloser Aufopferung, Familiensinn und Gerechtigkeit. Alfred paßt sich den neuen gesellschaftlichen Konventionen eher an. Er zieht in die Hauptstadt Helena und wird Geschäftsmann, schließlich sogar Politiker. Und Samuel verkörpert den Typ des intellektuellen Geistesmenschen, der in Harvard studiert hat und sich für europäische Politik so sehr interessiert, daß er gleich in den Krieg ziehen will. Dafür ist er bereit, seine junge Frau im Stich zu lassen. Er entwickelt den tödlichen Ehrgeiz, sich im Krieg mit Ruhm auszeichnen zu wollen. Trotz seines Studiums hat er nicht begriffen, was sein Vater ihm und seinen Brüdern beigebracht hatte: »Der Krieg ist Wahnsinn.«

Drei Brüder und eine Frau – das birgt Konflikte. Von links: Aidan Quinn, Brad Pitt, Henry Thomas und Julia Ormond in LEGENDEN DER LEIDENSCHAFT

Den Ruhm erntet schließlich Alfred, der mit einem Beinschuß und einem Orden nach Hause geschickt wird.
Brad Pitt über seine Einstellung zu diesem Film: »Filme zu machen ist anstrengend, also sucht man sich besser etwas aus, das einem persönlich etwas bedeutet, und dieser Film war mir wichtig. Er erzählt sehr genau von Leben und Tod und von dem langen Weg dahin. Das macht für mich Sinn.«[81] Regisseur Edward Zwick hat sich für Brad Pitt ganz bewußt als erste Wahl für die Rolle des Tristan entschieden: »Jim Harrison beschreibt Tristan in seiner Erzählung als eine Art Naturereignis. Aber es ist eine Sache, dies zu schreiben und eine ganz andere, jemanden zu finden, der das verkörpern kann. Wenn man einen Epos-Helden wie Tristan Wirklichkeit werden lassen will, dann geht es eben nicht nur um seine Siege, sondern auch um die vielen Verletzungen, die er erleidet. Brad hatte ein sehr starkes, intuitives Verständnis für diese Figur. Ich glaube, in ihm steckt selbst eine ganze Menge von Tristan. Ich weiß, er hat es sich dabei zur Aufgabe gemacht, einige der dunkleren Seiten in seiner Persönlichkeit zu entdecken und ebenso die mehr romantischen Aspekte.«[82]
Eine hinreißende Darstellung bietet die bereits mit vielen Preisen ausgezeichnete junge Engländerin Julia Ormond, die nicht nur Schönheit, Anmut, Würde, Kultiviertheit und Ausstrahlung hat, sondern auch eine ausgiebige Liebesszene mit Brad Pitt. Sie fand kluge, treffende Worte für die Figur des Tristan: »Susannah ist fasziniert von Tristan, weil er sich für eine andere Lebensweise entschieden hat als Samuel und Alfred. Mit Tristan sind keine gesellschaftlichen Erwartungen verknüpft. Er wird ihr völlige Freiheit einräumen und sie um ihrer selbst willen akzeptieren. Von allen Charakteren sind es die leidenschaftlichen, die das meiste aus ihrem Leben machen. Die Menschen kämpfen dauernd darum, vollkommen intakt zu sein, und erreichen das nie. Oder nur für Momente, und dann hat man es wieder verloren.«[83]
Der *Kölner Stadt-Anzeiger* nannte den Film »völlig bescheuert« (siehe unten). Ein Spruch wie »Es ist das einzig Ehrenhafte, was zu tun ist«, den ein amerikanischer Hochschulab-

solvent gegenüber seinem Vater äußert, der durch seine Kriegserfahrung geläutert und zum Pazifisten wurde, um zu rechtfertigen, in den Ersten Weltkrieg in Europa ziehen zu wollen, mag schon bescheuert sein, aber wenn heutzutage Boxkämpfe als »Eine Frage der Ehre« bezeichnet werden, die nur als Schaltung für Werbeeinnahmen dienen, dann hat Ehre eigentlich nur noch die Bedeutung von »Eine Frage der Quote«. Aber das hängt mit dem aktuellen Mediensystem zusammen. Einen Film wie RED RIVER (USA 1948) würde heute auch niemand mehr drehen, aber er ist ein vorbildlicher Klassiker und läuft andauernd im Fernsehprogramm. Und statt John Wayne und Montgomery Clift die heutigen Stars Anthony Hopkins und Brad Pitt in diesen Rollen einzusetzen, ist durchaus vorstellbar.

KRITIKEN:

»... Der 90er-Jahre-Star heißt Brad Pitt, ist Naturbursche – ein unglaublich leidenschaftlicher Held. So herzzerreißend geschluchzt wie in LEGENDEN DER LEIDENSCHAFT haben wir schon lange nicht mehr.«[84] *(Bunte)*

»... Abgesehen von der schauspielerischen Überzeugungskraft Hopkins' und vor allem auch Quinns, abgesehen auch von den beredten Bildern und der feinfühligen und dennoch kraftvollen Inszenierung – LEGENDEN DER LEIDENSCHAFT gehört zu jenen seltenen Filmen, die die ganze Bandbreite der menschlichen Gefühlswelt abdecken, die sowohl unterhaltsam als auch tiefgründig sind, ohne dabei je aufdringlich zu wirken. Den nachhaltigsten Eindruck hinterläßt zweifelsohne Brad Pitt, dessen Talent in Zukunft über jeden Zweifel erhaben sein wird...«[85] (Marina Heib in: *Kino*)

»Ein völlig bescheuertes Melodrama über drei Brüder und eine schöne Frau auf einer Farm in Montana, in dem stets nach der schlimmstmöglichen Wende gesucht wird.«[86] *(Kölner Stadt-Anzeiger)*

Mit Anthony Hopkins

»Höchst selten, aber Gott sei Dank immer mal wieder, gibt es Filme, bei denen man vom ersten Bild an weiß, warum es Kino gibt. Die epische Familiensaga LEGENDEN DER LEIDENSCHAFT ist einer dieser Filme. Hier stimmt einfach alles: wunderschöne Bilder aus dem Montana der Jahrhundertwende; das von Anthony Hopkins angeführte umwerfende Schauspielerensemble; die tragische Story von drei ungleichen Brüdern, die sich gleichzeitig in die zauberhafte Susannah (Julia Ormond) verlieben. So hinreißend altmodisch hat Hollywood nicht mehr erzählt seit – ja seit VOM WINDE VERWEHT.«[87] (Sabine Groß in: *Brigitte*)

»Im Verlauf von Legenden der Leidenschaft werden verschiedene Genres gestreift. Es beginnt wie ›Bonanza‹ und endet wie DER PATE. Aber im Grunde ist es ein Western, der den alten Geist vom ungezähmten Kämpfer aufrechterhält ... Nachdem er seine Vampirzähne aus INTERVIEW MIT EINEM

VAMPIR wieder abgelegt hat, ist Pitt sowohl glaubwürdig und bezaubernd als Tristan. Anthony Hopkins spielt wie gewohnt mit einer unbändigen Energie. Und als Frau in einer Männerwelt bewirkt Julia Ormond geradezu Wunder in einer vom Buch her nicht sehr ausgebauten Figur...«[88] (Brian D. Johnson in: *MacLean's*)

»...Was Legenden zu einem unterhaltenden, maskulinen Schmachtfetzen macht, sind seine Stars. Obwohl der bewundernswerte Quinn die schwierigste Rolle hat, wird der Film von Pitt getragen. Der blauäugige Typ, der in INTERVIEW MIT EINEM VAMPIR so verloren schien, zeigt, daß er ein erstklassiger Filmstar ist, der jede Szene beherrscht, in der er mitspielt...«[89] *(Rolling Stone)*

Der neue Superstar 1995 in LEGENDEN DER LEIDENSCHAFT

SIEBEN

(Seven) USA 1995; *Regie:* David Fincher; *Buch:* Andrew Kevin Walker; *Kamera:* Darius Khondji (CinemaScope); *Musik:* Howard Shore; *Zusätzliche Musik:* Johann Sebastian Bach: »Aria« D Major und diverse Songs; *Schnitt:* Richard Francis Bruce; *Production Design:* Arthur Max; Bauten: Vincent Renaud; Kostüme: Michael Kaplan; Maske: Jean Black; *Make-up*: Monty Westmore; *Frisuren:* Becky Ochoa; Special Effects: Peter Albierz; *Casting:* Billy Hopkins, Suzanne Smith, Kerry Barden; *Produzenten:* Arnold Kopelson, Phyllis Carline; *Produktion:* New Line Cinema Productions/Arnold Kopelson Productions; *Länge:* 130 Min.; Farbe; *FSK:* ab 16; *Kinostart:* 23.11.1995; *Verleih:* Constantin Film.
Darsteller: Brad Pitt (David Mills), Morgan Freeman (William Somerset), Kevin Spacey (John Doe), Gwyneth Paltrow (Tracy Mills), John C. McGinley (California), Richard Roundtree (Talbot), Reg E. Cathey (Dr. Santiago), R. Lee Ermey (Captain des Morddezernats), Hawthorne James (George – Nachtwächter der Bücherei), Julie Araskog (Mrs. Gould), Richard Portnow (Dr. Beardsley), Mark Boone jr. (F.B.I.-Mann), Leland Orser (Verstörter Mann im Bordell), Richard Schiff (Lieferant).
Deutsche Synchronschauspieler: Klaus Sonnenschein (Morgan Freeman), Tobias Meister (Brad Pitt).

INHALT: William Somerset ist ein alter, alleinstehender Polizist in einer nicht näher benannten Großstadt in den USA, in der es ständig regnet. Er ist desillusioniert, angeekelt von der ihn umgebenden Welt und ohne Elan. Er steht unmittelbar vor seiner Pensionierung. Sechs Tage sind noch zu absolvieren. Da wird ihm der neue, junge Polizei-Detective David Mills zugeteilt. Ein Heißsporn voller Tatendrang und auch nicht gerade den Konventionen verpflichtet. Er lebt erst seit kurzem in dieser Stadt zusammen mit seiner Frau.
Die beiden werden auf einen rätselhaften Mord angesetzt, bei dem ein mehr als vier Zentner schwerer Mann in seiner

Wohnung durch regelrechte Übermästung zu Tode gekommen ist. Damit fangen die Ermittlungen in einem Fall an, der für die Polizei höchst ungewohnt ist.
Das seltsame ist nicht nur die fürchterlich extreme Körper-

Polizist David Mills in höchster Verzweiflung und Wut am Ende von SIEBEN

fülle des Toten, der nackt am Eßtisch vornübergebeugt mit dem Gesicht im Spaghettiteller liegt, sondern auch seine total verrottete Wohnung, in der Kakerlaken über Speisereste klettern und die eigentlich nur ein total verkommenes, verdrecktes, ekelerregendes Loch ist, in dem die simpelsten Werte menschlicher Existenz keinerlei Bedeutung mehr haben.

An den Beinen gefesselt ist dieser ohnehin unbewegliche Mensch nur noch ein Haufen Fleisch, der sich, wie der Pathologe feststellt, gezwungenermaßen zu Tode gefressen hat. Der Schlagabdruck eines Revolverhandgriffs an seinem Hinterkopf läßt auf Folterung schließen.

Doch das ist erst der Beginn einer grauenhaften Entdeckungsreise, die schnell auf eine Ritualmordserie hinweist. Bald wird nämlich eine zweite Leiche aufgefunden, die entsetzlich zugerichtet ist. Ein Toter kniet gefesselt auf seinem Wohnzimmerteppich, den Körper vornübergebeugt, und sein Kopf ruht auf einem Stapel Bücher.

Allem Anschein nach hat er sich vor seinem Tod selber kastriert und ist verblutet. Mit Blut geschrieben steht an der Wand das Wort »Habsucht«. Der Mann war Anwalt.

Mills hübsche Frau Tracy versucht, durch ein gemeinsames Abendessen Somerset und Mills einander näherzubringen. Später vertraut sie Somerset unter vier Augen an, daß sie ein Baby erwartet. Es entwickelt sich ein Vertrauensverhältnis.

Somerset findet in der Wohnung des Fettwanstes das Wort »Maßlosigkeit« an der Wand. Er und Mills, die eigentlich jeweils in einem dieser Mordfälle ermitteln sollen, schließen sich nun doch zusammen.

Da Somerset der Zusammenhang mit den sieben Todsünden rasch klar wird, werden weitere Morde erwartet. Auf extreme Weise stoßen sie auf einen völlig ausgemergelten Männerkörper, gefesselt an ein Bett in einem schäbigen Mietshaus.

Der Mann ist zwar noch nicht ganz tot, doch ohne Überlebenschance. Dieser ehemalige Drogendealer steht für »Trägheit«. Die rechte Hand wurde ihm abgeschnitten. Er wurde seit einem Jahr gefoltert. Das nächste Opfer ist eine Prostituierte, die auf besonders perverse Art für den Begriff »Wollust« ermordet wurde. Schließlich wird auch noch die zerstückelte Leiche einer wohlhabenden Frau aufgefunden, an deren Schlafzimmerwand mit Blut »Hochmut« geschrieben wurde.

Durch geschickte Ermittlungen haben die beiden Polizisten die Wohnung des Mörders entdeckt. Als dieser sie erkennt,

Brad Pitts linker Arm ist dick bandagiert, denn er verletzte sich bei den Dreharbeiten zu SIEBEN beim Sprung über ein Auto an der Windschutzscheibe; die Schnitte mußten mit 49 Stichen genäht werden, die Hand hätte gelähmt bleiben können. Statt sich auszukurieren, drehte Brad Pitt weiter.

schießt er gleich. Es kommt zu einer wilden Verfolgungsjagd. Der Mörder entkommt. Doch seine ganze Wohnung wird nun durchsucht. Mehrere Regale voller Tagebücher und Literatur über das Böse, das Schlechte im Menschen werden gefunden. Seines Schlupflochs beraubt, ändert der Täter seinen Plan. Er kommt freiwillig zum Polizeipräsidium und stellt sich. Er nennt sich »John Doe«, hat sich jedoch vorsorglich die Haut seiner Fingerkuppen abgeschnitten, um nicht identifiziert werden zu können. Er läßt sich verhaften, bietet auch ein volles Geständnis an, wenn Mills und Somerset ihn hinaus aus der Stadt zu einem Schauplatz begleiten würden, wo die Entsprechungen zu »Neid« und »Zorn« aufzufinden seien. Die beiden Polizisten stimmen widerwillig zu.
Auf der Fahrt erklärt »John Doe«, er sei ein Messias, der die Menschheit durch seine Taten aufrütteln müsse. Er habe den Auftrag, die Menschen auf ihre Schlechtigkeit hinzuweisen, nur so wären sie zu heilen. Dann sind sie am Zielort angelangt ...

Zum ersten Mal kommen sich der abgehalfterte Polizist William Somerset (Morgan Freeman) und sein sonst so ungedulduger junger Kollege (Brad Pitt) menschlich näher: Szene aus SIEBEN

(Der Schluß darf hier einfach nicht verraten werden, aber er ist genial und fürchterlich.)

ZUM FILM: SIEBEN schwankt zwischen verschiedenen Genres. Durch die Grundkonstellation ist es natürlich ein Polizeifilm mit dem bekannten Muster: alter Cop und junger Heißsporn bilden ein Team (wie in der LETHAL WEAPON-Trilogie oder in »Die Straßen von San Francisco«), doch gleichzeitig ist es ein Psycho-Thriller auf hohem Niveau. Und die Horror-Fans zählen ihn zu ihrem geliebten Genre. Dadurch, daß er all diese Elemente vereint, erreicht Regisseur David Fincher beim Zuschauer eine gewisse Verunsicherung, die dadurch noch verstärkt wird, daß die Kamera kaum Gelegenheit bietet, einen Schauplatz völlig zu erfassen. Extreme Nahaufnahmen, Kamerafahrten über Details und vor allem immer wieder dunkle Bilder, die mitunter kaum etwas erkennen lassen, schaffen eine äußerst beklemmende Atmosphäre. (Die Dunkelheit der Bilder wird den Videocassetten-Betrachter zur Jalousie greifen lassen, um wenigstens Konturen auf dem Bildschirm erkennen zu können.) Die Dunkelheit hatte der junge Regisseur schon in seinem 50 Millionen Dollar teuren Debutfilm ALIEN 3 (USA 1992) ausgiebig als Stilmittel verwandt. Sie appelliert an die tiefsten Ängste der Menschen.
Zudem sind viele Aufnahmen in ein kaltes Grün-grau getaucht, das keine hellen oder leuchtenden, freundlichen Farben zuläßt. Auch schnelle Schnittfolgen lassen kaum Zeit, sich zu orientieren. Schließlich schafft Komponist Howard Shore durch seine bedrohlichen, langgezogenen Baßtöne eine echte Gruselatmosphäre. Shore unterlegte schon DAS SCHWEIGEN DER LÄMMER/THE SILENCE OF THE LAMBS (USA 1991) mit furchterregenden Klängen. Mit diesem Film wird SIEBEN/SEVEN gerne verglichen, handelt es sich doch in beiden Fällen um einen mordenden Psychopathen, der der Polizei Rätsel aufgibt. Und beide Filme zeigen auf erschreckende Weise einmal mehr, daß Genie und Wahnsinn dicht beieinander liegen können. (David Bowie wurde von *Spiegel*-Redakteuren in einem Interview gefragt, ob er den

Welchen Horror entdecken sie als nächstes? Brad Pitt und Morgan Freeman in SIEBEN

Serienmörder Jeffrey Dahmer als Künstler betrachten würde. Bowies Antwort: »Keine Ahnung, ich bin kein Kunstkritiker. Auf jeden Fall hat das, was er getan hat, viele Menschen unterhalten. Das Zerlegen menschlicher Körperteile hat eine lange Tradition ... Die Menschen brauchen Spiritualität. Und wenn sie die in der Kirche nicht mehr bekommen, dann suchen sie die eben woanders.«[90])

Brad Pitt spielt den jungen, dynamischen und dickköpfigen Polizisten zunächst mit einer Arroganz, die er als Schutzschild gegen die Erfahrung und das Wissen des älteren Kollegen einsetzt. Doch dies bewährt sich nicht angesichts der greulichen Begegnungen mit den Ritualmorden, und die Ermittlungen schweißen die beiden zu einem Team zusammen. Trotzdem tritt Mills eine Wohnungstür ein, obwohl der berufserfahrene Somerset vorher von einem erforderlichen

Mit einer schwerbewaffneten Spezialeinheit dringen Mills (Brad Pitt) und Somerset (Morgan Freeman) in eine schäbige Bude ein – und erneut packt sie das Entsetzen.

Hausdurchsuchungsbefehl spricht. Hier wird der Unterschied der Auffassungen von polizeilicher Ermittlungsarbeit deutlich: die streng an den Vorschriften orientierte Art des erfahrenen Somerset und die impulsive, emotionale Handlungsweise von Mills, die Somerset fehlt, die er ablehnt, aber im Grunde selbst gerne anwenden würde. Morgan Freeman und Brad Pitt wachsen im Lauf des Films zu einem perfekten Duo zusammen, wobei jeder den anderen so sein läßt, wie er ist. Die Konsequenz daraus ist, daß alle zu ihrer Bestimmung finden, einem vorgegebenen, fürchterlichen, tragischen Schicksal, auf das der Handlungsverlauf unweigerlich zusteuert.

Die Zahl Sieben hat eine magische Bedeutung, nicht nur durch die sieben Todsünden. Die sieben Weltwunder,

der siebte Himmel, ein Buch mit sieben Siegeln, die sieben Sachen packen. Die beiden Polizisten arbeiten im 14. (2 x 7) Revier der Stadt. Das Schreckliche, das Bedrückende des Films ist nicht die Darstellung von Gewalt und menschenverachtender Brutalität, sondern die Darstellung der Opfer. Die Gewaltakte selbst werden ausgespart. Der Zuschauer bekommt »lediglich« die Resultate zu sehen. Das kann aber viel brutaler sein, als die Ermordung selbst zu zeigen, denn die Phantasie des Zuschauers malt sich zwangsläufig den Hergang des Geschehens aus. Insofern sind die Andeutungen fast schon brutaler als die Inszenierung des wirklichen Geschehens. Das klingt unlogisch, aber es funktioniert. Indem nur das Resultat gezeigt wird, muß der Zuschauer sich vorstellen, wie es dazu gekommen ist. Und die Phantasie des Zuschauers, ist sie erst einmal gefragt, ist grauenhafter und schlimmer, als es ein Film je darstellen könnte. Und sie bleibt der Erinnerung verhaftet.

Als sich Brad Pitt während der Dreharbeiten bei einem gefährlichen Stunt während einer Verfolgungsjagd an der Hand verletzt und seinen Arm in einer Schlinge tragen muß, wird dies kurzerhand ins Drehbuch übernommen. An Brad Pitts Seite spielt seine hübsche Lebensgefährtin Gwyneth Paltrow, die er durch die Dreharbeiten kennenlernte.

Der Film wurde ein Riesenerfolg und spielte schon am Start-Wochenende 14 Millionen Dollar ein. Zur selben Zeit kam übrigens ein zweiter Serienkiller-Thriller in die Kinos: COPYKILL (USA 1995) mit Sigourney Weaver, die zuvor mit SEVEN-Regisseur David Fincher ALIEN 3 gedreht hatte. Und am gleichen Tag wie SEVEN startete in der Bundesrepublik auch der deutsche Spielfilm DER TOTMACHER von Romuald Karmakar, eine intensive Studie des Massenmörders Fritz Haarmann, dargestellt von Götz George. Ironie am Rande: Der US-Film SEVEN wurde von einem deutschen Verleiher herausgebracht (Neue Constantin), DER TOTMACHER von einem amerikanischen (Warner Brothers), weil kein deutscher Verleih den Film haben wollte.

Mills hübsche Frau Tracy (Gwyneth Paltrow) hat Somerset zum Essen eingeladen, um zwischen den beiden Kollegen das Eis zu brechen: Szene aus SIEBEN

KRITIKEN:

»... Brad Pitt als ehrgeiziger junger Cop an der Seite von Morgan Freemans müdem, alten Jäger muß sich da reinwühlen – in den Morast der Großstadt ebenso wie in die Höhen der Dichtung. Am Ende ist der Herzensbrecher aus Hollywood der wahre Grund, weshalb SEVEN reüssiert: Dank Brad Pitt glaubt man wieder an die Sünde.«[91] (Christine Kruttschnitt in: *Stern*)

»... SIEBEN ist vom atemberaubenden Vorspann an ein visuelles Meisterwerk: einer der düstersten, spannendsten und besten Filme der letzten Jahre.«[92] (Hans Schifferle in: *Süddeutsche Zeitung*)

»... SEVEN ist völlig anders als jeder Film, den Sie je gesehen haben. Es ist ein Film, der Ihre Aufmerksamkeit erfordert. Er saugt Sie ohne Probleme auf, zermalmt Sie und spuckt Sie wieder aus. Er entläßt Sie benommen und verfolgt Sie noch Wochen danach. Er wird Sie vielleicht sogar mehrfach ins Kino locken...«[93] (Julian Knoff in: *Shivers*)

TWELVE MONKEYS

(THE TWELVE MONKEYS) USA 1995; *Regie:* Terry Gilliam; *Buch:* David Peoples & Jane Peoples inspiriert von dem Film La Jétée von Chris Marker; *Kamera:* Roger Pratt; *Musik:* Paul Buckmaster; *Songs:* »What A Beautiful World« mit Louis Armstrong, u.a.; *Schnitt:* Mick Audsley; *Production Design*: Jeffrey Beecroft; *Bauten:* W.M. Ladd Skinner; *Ausstattung:* Crispian Sallis; *Kostüme:* Julie Weiss; *Illustrationen:* Matt Codd; *Casting:* Margery Simkin; *Produzent:* Charles Roven; *Produktion:* Atlas Entertainment in Zusammenar-

Regisseur Terry Gilliam

beit mit Universal Pictures und Tele München Gruppe; *Länge:* 130 Min.; Farbe; *Deutsche Erstaufführung:* Internationale Filmfestspiele Berlin 1996; *Kinostart:* 21.3.1996; Verleih: Concorde-Castle Rock/Turner; *Videoanbieter:* Concorde Video.

Darsteller: Bruce Willis (James Cole), Madeleine Stowe (Dr. Kathryn Railly), Brad Pitt (Jeffrey Gaines), Christopher Plummer (Dr. Gaines), Joseph Melito (Cole als Junge), Jon Seda (José), Michael Chance (Scarface), Vernon Campbell (Tiny), H. Michael Walls (Botaniker), Bob Arian (Geologe), Simon Jones (Zoologe), Carol Florence (Astrophysikerin), Bill Raymond (Mikrobiologe), Ernest Abuba (Ingenieur), Irma St. Paule (Dichterin), Joey Perillo (Detective Franki), Rozwill Young (Billings), Fred Strother (L.J. Washington), Rick Warner (Dr. Casey), Frank Gorshin (Dr. Fletcher), Anthony »Chip« Brienza (Dr. Goodin), Stan Klang (Röntgen-Arzt), Pat Dias (Soldat im Ersten Weltkrieg), Aaron Michael Lacey (Soldat im Ersten Weltkrieg), David Morse (Dr. Pe-

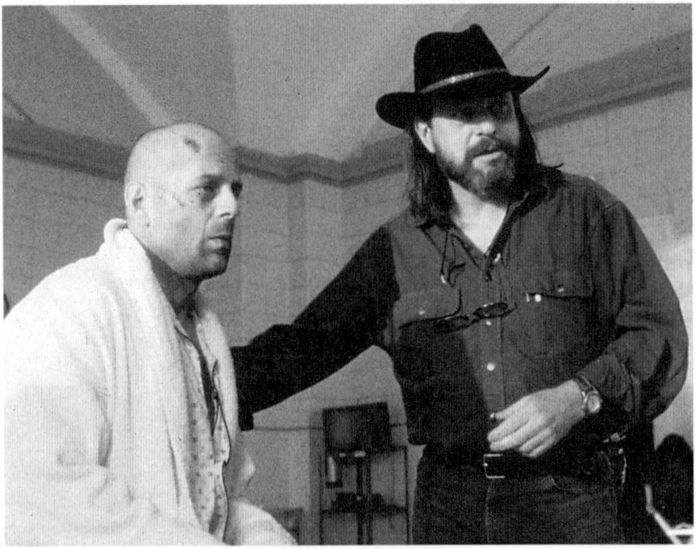

Er steht im Mittelpunkt von TWELVE MONKEYS: Bruce Willis als Zeitreisender (links)

ters), Charles Techman (Professor), Jann Ellis (Marilou), Johnnie Hobbs (Officer), Janet L. Zappala (Nachrichtenmoderatorin), Thomas Roy (Straßenprediger), Harry O'Toole (Stimme/Louie).

»Golden Globe« 1996 für Brad Pitt als bester Nebendarsteller.

INHALT: »... Fünf Milliarden Menschen werden 1997 an einem tödlichen Virus sterben ... Die Überlebenden werden die Oberfläche des Planeten verlassen ... Wieder einmal werden die Tiere die Welt beherrschen ...« (Auszüge aus dem Gespräch mit einem klinisch diagnostizierten paranoiden Schizophrenen, 12. April 1990).
Mit dieser Einleitung beginnt der Film. Es ist das Jahr 2035. Seit 1996 ein tödliches Virus die Menschheit um fünf Milliarden reduziert hat, leben die wenigen Überlebenden in einem streng hierarchischen System unterhalb der Erdoberfläche. In Baltimore laufen die wilden Tiere durch die leeren Straßen. Die Menschen leben tief unter der Erde. James Cole hat ein verbrecherisches Vorleben und wird in einer unterirdischen Zelle gefangengehalten. Als die Herrschenden beschließen, die tödliche Seuche näher zu untersuchen, wird Cole als »Freiwilliger« ausgesucht, um an der Erdoberfläche in einem Schutzanzug Kleintiere aufzusammeln. Da er sich bei dieser Tätigkeit bewährt, trägt man ihm einen neuen Auftrag zu. Er soll mittels einer Zeitmaschine in das Jahr 1996 zurückkehren und ermitteln, wie die tödliche Seuche ausbrechen konnte. Da er sowieso keine Wahl hat, willigt er ein.
Doch die Zeitreise ist zu ungenau, und er landet im Baltimore von 1990. Dort wird er allerdings mit seiner Geschichte überhaupt nicht ernst genommen und gegen seinen Willen in eine Irrenanstalt verfrachtet. Dort nimmt sich der hypernervöse Insasse Jeffrey Gaines seiner an. Der überdrehte junge Mann erklärt Cole die Abläufe in der Anstalt, spart aber auch nicht mit vehementen verbalen Attacken gegen die Anstaltsführung und die Gesellschaft im allgemeinen. Empört

über das, was die Menschen sich untereinander antun, aber auch den Tieren und der Umwelt, fasziniert ihn der Gedanke, die Menschheit einfach ganz auszulöschen.
Er versucht, Cole zum Ausbruch zu verhelfen, was jedoch scheitert. Die Psychologin Dr. Kathryn Railly versucht, Coles Verhalten psychoanalytisch zu ergründen. Sie ist der Meinung, daß sich Cole ein künstliches Weltbild zurechtgelegt hat. Völlig isoliert und mit dicken Lederriemen an ein Krankenbett gefesselt, entkommt Cole zur Verwunderung der Anstaltsleitung, indem er wieder in das Jahr 2035 zurückgeholt wird. Man wirft ihm vor, daß er gescheitert sei, doch er sagt, er sei schließlich in das falsche Jahr zurückversetzt worden. Bei einem zweiten Versuch landet er mitten im Kriegsgeschehen in Europa im Ersten Weltkrieg. Prompt fängt er sich eine Patrone im Oberschenkel ein. Er wird ins Lazarett gebracht, doch gleich wieder ins Jahr 2035 zurückgeholt. Beim dritten Versuch klappt es schließlich. Cole befindet sich im Herbst 1996 in Baltimore. Er entführt Dr. Kathryn Railly und zwingt sie, mit ihm zum 100 Meilen entfernten Philadelphia zu fahren. Dort, so meint er, sei der Ausgangspunkt der Katastrophe. Philadelphia entpuppt sich als Stadt der großen Widersprüche. Hier die protzigen Großbauten und die Welt der Mächtigen, dort die Elendsquartiere, die Penner, Kriminellen und Randexistenzen.
Cole und Railly, die nur widerwillig und gezwungenermaßen bei Cole bleibt, treffen auf eine Widerstandsgruppe gegen die Gen-Technologie und Tierversuche. Zu ihnen gehörte bis vor kurzem auch Jeffrey Gaines, inzwischen aus der Anstalt entlassen, der allerdings mit seinen zu radikalen Ansichten seine eigene Gruppierung gebildet hat: die Twelve Monkeys. Gaines ist der Sohn des Leiters eines Gen- und Virenlabors, in dem unter anderem tödliche Viren gelagert werden. Cole versucht, Gaines in seines Vaters Haus zur Rede zu stellen, denn Twelve Monkeys ist für ihn das Schlüsselwort, das mit der Virenkatastrophe zusammenhängt. Doch Gaines verleugnet ihn. Er hat eigene Pläne.
Railly ist inzwischen von Coles Aussagen zwar noch nicht

Jeffrey Gaines (Brad Pitt) als hypernervöser Insasse einer Nervenheilanstalt in TWELVE MONKEYS

überzeugt, aber sie vermutet, daß ihre wissenschaftlichen Grundlagen nicht ausreichen, um zu urteilen, was ihren Kollegen und Vorgesetzten gar nicht behagt. Sie ist verblüfft von den Dingen, die Cole weiß. Und Cole hat sich in sie verliebt. Er will nicht mehr ins Jahr 2035 zurück. Gemeinsam beschließen die beiden, nach Florida zu fliegen. Inzwischen hat die Gruppe Twelve Monkeys mit Gaines an der Spitze Gaines Vater gekidnappt. Er wird im Zoo in den Affenkäfig gesperrt, und alle Tiere werden freigelassen. Es kommt zum Verkehrschaos. Giraffen, Löwen, Elefanten laufen auf den Straßen, ein Schwarm Flamingos zieht an einem Wolkenkratzer vorbei. Railly glaubt nun, daß dies die vermeintliche Katastrophe sei, die Cole vorausgesagt hat. Doch am Flughafen entdecken sie bei der Gepäckabfertigung ein Mitglied der Twelve Monkeys, dessen Koffer die todbringenden Killerviren enthält. Er hat eine Weltreise in die wichtigsten Metropolen gebucht. Railly und Cole, die selbst von der Polizei gejagt werden, versuchen, durch die Menschenmengen zu dem Mann zu gelangen, um ihn aufzuhalten. Es fällt ein Schuß ...

ZUM FILM: Die Handlungsstruktur des Films ist etwas kompliziert, da nicht nur verschiedene Handlungsstränge ineinander verwoben werden, sondern auch häufige Zeitsprünge und Traumvisionen. Doch gerade das macht auch den Reiz des Films aus. Voraussetzung der Handlung ist der alte Menschheitswunsch, in der Zeit reisen zu können, die Dimension Zeit zu überwinden. Bekanntestes Beispiel dafür ist H.G. Wells' (1866-1946) Roman *Die Zeitmaschine/The Time Machine* (verfilmt 1960 von George Pal). Weitere Beispiele: FLUCHT IN DIE ZUKUNFT/AFTER TIME (USA 1979) von Nicholas Meyer, Die ZURÜCK IN DIE ZUKUNFT/BACK TO THE FUTURE-Trilogie von Robert Zemeckis, BILL UND TED'S VERRÜCKTE REISE DURCH DIE ZEIT/BILL & TED'S EXCELLENT ADVENTURE (USA 1989) von Stephen Herek sowie die

TWELVE MONKEYS

»Time Tunnel«-TV-Serie (USA 1966). Ohne die hier als fast selbstverständlich dargestellte Möglichkeit der Zeitreise würde die gesamte Handlung nicht funktionieren. Die Tatsache, daß Cole aus der Zukunft zurück in die Gegenwart kommt bzw. aus seiner Gegenwart in die Vergangenheit, führt dazu, daß er als geisteskrank eingestuft und in Gewahrsam genommen wird. So lernt er jedoch auch Dr. Kathryn Railly kennen, die sich für ihn einsetzt.
Und durch die scheinbar magische Beziehung der beiden gewinnt der Film eine ganz andere Dimension. Vertrauen und Liebe stellen die wissenschaftliche Basis auf den Kopf. Die Welt des Irrationalen gewinnt immer mehr an Bedeutung. Coles ständig wiederkehrender Traum wird schließlich am Schluß Realität. Für Cole, aber auch für den Zuschauer ein klassisches »Déjà vu«-Erlebnis.
Brad Pitt spielt in diesem Film eine Nebenrolle. Aber er spielt sie äußerst intensiv und mit nachhaltiger Wirkung. Er ist in drei Stadien des Films zu sehen. Zuerst weist er den Zeitreisenden Cole in die Anstaltssituation von 1990 ein, völlig überdreht und aufgebracht. Er hat kurze, ungekämmte Haare und einen Bart, trägt einen schäbigen Pullover und läßt erkennen, daß er den anderen Anstaltsinsassen von seinem gesellschaftlichen Bewußtsein her überlegen ist, aber nicht in der Beherrschung seiner Emotionen. Besonders diese Szenen des aufbrausenden, verkannten Gesellschaftskritikers sind es, die eine neue Seite an Brad Pitts Spiel erkennen lassen. Während er die Mißstände der Psychiatrie und des Wirtschaftssystems anprangert, fuchtelt er mit seinen Händen wild in der Luft herum, kippt seinen Kopf zu Seite und gibt gelegentlich Grunzlaute von sich. Brad Pitt spricht in rasender Geschwindigkeit ellenlange Monologe, ohne sich zu verhaspeln, ohne Punkt und Komma, aber mit wahnsinniger Intensität. Er spielt das absolute Gegenteil dessen, was im Film sein Vater (Christopher Plummer) darstellt, denn der ist als Virenforscher und Leiter eines Tierversuchlabors ebenso wahnsinnig, aber in seinen Verhaltensformen bewußt nicht extrovertiert, sondern von der Fassade her extrem ma-

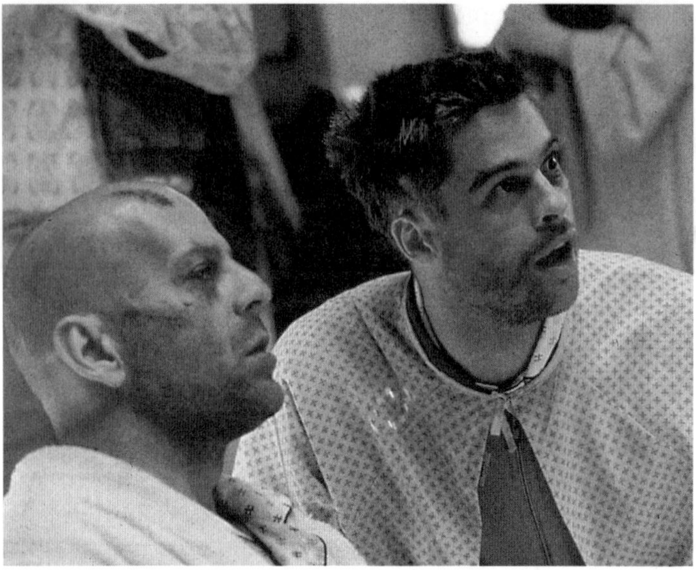

Anstaltsinsasse Jeffrey Gaines (Brad Pitt) erklärt dem Neuankömmling James Dole (Bruce Willis), wo es langgeht: Szene aus TWELVE MONKEYS

nierlich und dezent. Der Kanadier Christopher Plummer spielt Pitts Vater Dr. Gaines sehr gekonnt geradezu leblos, sozusagen als extrem wichtiger, aber unscheinbar erscheinen wollender Mosaikstein in einem barbarischen System der wirtschaftshörigen Medizinforschung.
Pitts dominante Präsenz ist in den anfänglichen Szenen, in denen Cole sich im Jahr 1990 in das Leben innerhalb der geschlossenen psychiatrischen Klinik einfinden muß, am intensivsten. Bruce Willis (Cole), der eigentliche Star des Films, gibt hier sein Terrain völlig an Brad Pitt ab. Er ist am Ende seiner Kräfte und wird vom Personal mittels Drogen unter Kontrolle gehalten. Jeffrey Gaines ist der einzige, der ihn ernst nimmt. Dabei ist die Beziehung wechselseitig. Cole ist aufgrund seiner Ruhigstellung durch Drogen geduldiger Zuhörer für Gaines brachiale, gesellschaftspolitische Ansichten, und Gaines hält Cole als einziger nicht für verrückt, sondern für genial. Mittels dieser Beziehung

wächst in Gaines die Idee, die Menschheit auszurotten, da die Menschen sich selber, den Tieren, der Natur, der Umwelt nur Schmerz und Leid zufügen. Brad Pitt spielt diese Ambivalenz deutlich heraus. Auf der einen Seite hat er vollkommen recht mit bestimmten Denkansätzen, doch führen ihn diese gleich ins Extrem. Er kann schwer aufhören, sich zu ereifern, sich über die Gegebenheiten hinwegzusetzen. Geprägt wurde seine Weltsicht besonders durch die Tatsache, daß sein Vater, ein anerkannter Wissenschaftler, ausgiebig mit der »medizinischen« Nutzung von Tieren für grausame Versuche beschäftigt ist und auch gefährliche Viren an ihnen testet. Brad Pitt geht in dieser Phase des Films völlig aus sich heraus.
1996 ist Jeffrey Gaines äußerlich ein anderer geworden. Er wohnt bei seinem Vater, trägt eine Intellektuellen-Brille, hat seine Haare zu einem Pferdeschwanz zusammengebunden und ist in einen feinen Anzug gekleidet. Der Anlaß ist ein offizieller Empfang im Hause seines prominenten Vaters. Er wirkt wie ausgewechselt, ruhig, gemäßigt, angepaßt. Doch als Cole dort auftaucht, wird er erneut zum Hysteriker. Seine Vergangenheit holt ihn ein. Auch seine subversiven Gedanken werden bei der Wiederbegegnung mit Cole aktiviert, obwohl er sich dagegen sträubt und Cole verleugnet.
So ist er in der dritten Phase der extreme Anarchist und Terrorist, der seinen eigenen Vater entführt, die Befreiung der Tiere aus dem Zoo organisiert und tatsächlich die Ausrottung der Menschheit durch tödliche Viren in die Wege leitet. Brad Pitt spielt hier »nur« eine Nebenrolle, denn die Geschichte wird in erster Linie um Cole (Bruce Willis) entwickelt. Doch letzten Endes ist es Gaines, der mit seiner Anarchistenbewegung »Twelve Monkeys« dafür verantwortlich ist, daß sich die Welt so fatal entwickelt hat, wie sie 2035 ist. Nicht ganz logisch erscheint allerdings die Tatsache, daß Gaines erst durch Coles Erscheinen im Jahre 1990 zu seinen Taten animiert wird. Wäre Cole nicht aus dem Jahr 2035 nach 1990 zurückgereist, wären vielleicht fünf Milliarden Menschen oder mehr wie gehabt auf der Erde am Leben.

Aber mit der Logik darf man es bei diesem Film nicht so genau nehmen. Viel interessanter ist die Betrachtung der bizarren Vorstellungen des Regisseurs Terry Gilliam von der Zukunft, die an 1984 von George Orwell erinnert und an die Darstellung und Bedeutung von Träumen, Visionen, magi-

Für seine Rolle in TWELVE MONKEYS wurde Brad Pitt als bester Nebendarsteller 1996 mit dem Golden Globe ausgezeichnet.

schen Begegnungen, die Gilliam bereits in seinem Film König der Fischer/The Fisher King (USA 1991) thematisierte.

Bemerkenswert am Rande: Terry Gilliam fügt eine Szene ein, in der Cole und Railly in einem Hitchcock-Double-Feature im Kino sitzen. Zu sehen ist eine Szene aus Vertigo – Aus dem Reich der Toten (USA 1958) mit Kim Novak und James Stewart. Da Cole und Railly sich seltsam zueinander hingezogen fühlen und Railly glaubt, Cole bereits begegnet zu sein, stellt dies einen Verweis auf Hitchcocks Klassiker dar, in dem die folgenreiche Begegnung der Hauptfiguren ebenfalls einem »Déjà vu« gleicht.

Außerdem ist der Hauptteil der Geschichte in Philadelphia angesiedelt. Laut Umfragen ist dies die gewaltreichste und unbeliebteste Stadt der USA. Durch Bruce Springsteens Musik-Video »The Streets of Philadelphia« zum Film Philadelphia (USA 1993) sind unschöne Ansichten der Stadt bekannt geworden, aber Terry Gilliam setzt dem Ganzen noch eins drauf. Er zeigt den Dreck, die Slums, den Abschaum. Darin ist Terry Gilliam konsequent. Er zeigt nie nur die Fassade, sondern auf seine Weise viel intensiver den Abgrund, der dahinter ist. Er sagt: »Hier zu arbeiten, insbesondere in Philadelphia, hat mich stark fasziniert, denn architektonisch strahlt die Stadt ein merkwürdiges Gefühl des Verfalls und des Mißgeschicks aus. Irgend etwas ist im Lauf der Jahrzehnte verlorengegangen – und da ich immer spürte, daß unsere Story vom Niedergang und von Nostalgie erzählt, zog es mich regelrecht hierher.«[94]

Die Grenzen zwischen Normalität und Wahnsinn, zwischen bürgerlicher Ordnung und Anarchie, zwischen Gesetz und Verbrechen erweisen sich einmal mehr als von fragwürdigen Spielregeln bestimmt. Über diese Grenzen zu schauen ist Terry Gilliams Anliegen; und Brad Pitt beweist erneut, daß er in Filmen, die diese Grenzüberschreitungen zeigen (Kalifornia, True Romance, Seven) einen berechtigten Platz hat.

Projekte

SLEEPERS
USA 1996; *Regie:* Barry Levinson; *Darsteller:* Robert De Niro, Dustin Hoffman, Brad Pitt, Kevin Bacon, Jason Patric.
Brad Pitt spielt einen Staatsanwalt mit einer unrühmlichen Vergangenheit.

BUILT A FORT, SET ON FIRE
USA 1996; *Regie:* Julian Schnabel.

DIE JURY
Regie: Joel Schumacher; nach einem Roman von John Grisham.

DEVIL'S OWN
Darsteller: Harrison Ford, Brad Pitt.
Ein Polizist versteckt unwissentlich einen IRA-Terroristen (Brad Pitt).

SEVEN DAYS IN TIBET
Regie: Jean-Jacques Annaud.
In diesem im Zweiten Weltkrieg spielenden Fernsehfilm stellt Brad Pitt den Bergsteiger Heinrich Harrer dar. Pitt soll acht Millionen Dollar Gage erhalten.

ALL THE PRETTY HORSES
Brad Pitt spielt eine traditionelle Helden-Rolle in dieser Verfilmung seines Lieblingsbuchs von Cormac McCarthy. Außerdem hat er *All the Pretty Horses* als »Audio Book« auf Band aufgenommen.

BURNING BLUE
An der Verfilmung eines Theaterstücks vom Londoner West End zeigen Brad Pitt und Johnny Depp Interesse.

THE CROWDED HOUSE
Regie: Terry Gilliam.
Brad Pitt spielt einen Schizophrenen.

GENERAL GEORGE A. CUSTER
Film über den legendären US-General im Indianerkrieg.

Ein Prosit auf die neuen Projekte...

Bleibt guten Mutes: Brad Pitt

Autogrammadresse

Brad Pitt
c/o Brillstein-Grey Ent.
9150 Willshire Blvd. # 350
Beverly Hills, CA 90212
USA

Brad Pitt: »Die Menschen nehmen dies alles zu wichtig. Meine Antwort für alle Dinge, für die ich keine Antwort habe, ist: Bleib guten Mutes! Es gibt wichtigere Dinge, die zu tun sind und die nichts mit Film zu tun haben.«[95]

Danksagung

Karin Thielmann,
Karla & Kurt Prüßmann, Arnd Prüßmann, Meinolf Zurhorst, Isabelle De Rochette, Bärbel & Bernd J. Schulz, Frau Dr. Monika Franzen, Claudia Rommel, Peter Eckes, Helga Hoeher, Helga Fitzner, Derek Vowles, Martin Keßler, Frau Peifer (Columbia/Tri-Star-Presse), Kerstin Hinze (Columbia/Tri-Star-Video), Rika Matsutani (Columbia/Tri-Star-Technik), Frau Geßler (Scotia), Tanja Müller (Feldt und Compagnie), Nicole Giesa (Marketeam), Elena DelCarlo (Concorde-Castle Rock/Turner), Meaunz.
Ganz besonders herzlichen Dank an die liebenswerte Journalistin und Redakteurin Natali Hillig aus Hamburg, die das kompetente Vorwort dieses Buches schrieb und den Ausdruck »Techno-Heinzi« erschuf. (Dank auch an die Zeitschrift *Allegra,* die dies ermöglichte!)
Außerdem gilt mein Dank den Autorinnen und Autoren, die ich zitiert habe. Sie haben großen Anteil an meinem Buch.

Quellenangaben

1 *Rolling Stone*, 14. Mai 1992.

2 Hillig, Natali: »Dreißig Minuten mit Brad Pitt«. Erstabdruck in *Allegra*, 12/1995.

3 *Rolling Stone*, 14. Mai 1992.

4 Mooney, Josh: »Brad Pitt – Thief of Hearts« in: *Cosmopolitan* (USA), 11/1995.

5 *Bravo*, 3/1996.

6 Zitiert nach: Mooney, Josh: »Brad Pitt – Thief of Hearts« in: *Cosmopolitan*«, 11/1995.

7 *Rolling Stone*, 1. Dezember 1994.

8 Zitiert nach: »Brad Pitt & The Big Boys of Hollywood« von *Tiger Beat*, März 1996.

9 Schudy, Chris in: *Rolling Stone*, 1. Dezember 1994.

10 *Rolling Stone*, 14. Mai 1992.

11 *Premiere* (Frankreich), Februar 1995.

12 *Rolling Stone*, 1. Dezember 1994.

13 *Rolling Stone*, 14. Mai 1992.

14 *People*, 13. September 1993.

15 *People Weekly*, 43/1995.

16 Zitiert nach: Mooney, Josh: »Brad Pitt – Thief of Hearts« in: *Cosmopolitan* (USA), 11/1995.

17 *TV Movie*, 1/1996.

18 Zitiert nach: Mooney, Josh: »Brad Pitt – Thief of Hearts« in: *Cosmopolitan* (USA), 11/1995.

19 ebd.

20 *Rolling Stone*, 1. Dezember 1994.

21 ebd.

22 Hauptquelle: »Brad Pitt & The Big Boys of Hollywood« von *Tiger Beat*, März/1996.

23 *Rolling Stone*, 14. Mai 1992.

24 *zoom*, zit. nach Lothar R. Just: Filmjahrbuch 1989, München 1989, S. 411.

25 Scheuer, Steven H.: *Movies on TV and Videocassette*, 7. Aufl., New York 1991, S. 229.

[26] *Gong*, 5/1996.
[27] Just, Lothar R.: *Filmjahrbuch 1991*; München 1991; S. 407.
[28] *TV&Movie Screen/Tiger Beat*, März 1996.
[29] Scheuer, Steven H.: *Movies on TV and Videocassette*; New York 1991, S. 1098.
[30] *Rolling Stone*, 14. Mai 1992.
[31] ebd.
[32] *Baseline's Motion Picture Guide Review*, Cinemania Datennetz 1995.
[33] Martin, Mick & Marsha Potter: *Video Movie Guide* 1995, New York 1994, S. 311.
[34] Catalano, Grace: *Brad Pitt – Hot and Sexy*; New York, Toronto, London, Sydney, Auckland 1995, S. 43.
[35] Catalano, Grace: *Brad Pitt – Hot and Sexy*; a.a.O., S. 3f.
[36] Zitiert nach: Mooney, Josh: »Brad Pitt – Thief of Hearts« in: *Cosmopolitan* (USA), 11/1995.
[37] Alle Zitate stammen aus der Diplomarbeit »Frauen schlagen zurück – Eine Studie über Frauenrollen im Film« von Karin Thielmann, Köln 1992, S. 111.
[38] *film-dienst*, 21/1992.
[39] *multimedia*, zit. nach: Just, Lothar R.: *Filmjahrbuch 1992*, München 1992, S. 282.
[40] Schickel, Richard in: *Time*, zit. nach: Walker, John (Hrsg.): *Halliwell's Film Guide*, 11. Ausgabe, London 1995.
[41] Walker, John (Hrsg.): *Halliwell's Film Guide*, 11. Ausgabe, London 1995, S. 1134.
[42] Walker, John (Hrsg.): *Halliwell's Film Guide*, 11. Ausgabe, London 1995, S. 7.
[43] Martin, Mick & Marsha Potter: *Video Movie Guide 1995*, New York, Toronto 1994, S. 441.
[44] Maltin, Leornard in: Cinemania Datennetz.
[45] Jungebloth, Anselm zu THE FAVOR in: *film-dienst*, 6/1995.
[46] *People Weekly*, 16. Mai 1994.
[47] *Rolling Stone*, 14. Mai 1992.
[48] Vowles, Derek (Comic- und Animationszeichner), Kritik zu COOL WORLD im Rahmen eines Film-Seminars an der Akademie für Internationale Bildung (AIB), Bonn 1995.

[49] Just, Lothar R.: *Filmjahrbuch 1994*, München 1994.

[50] *Variety*, zit. nach: Walker, John (Hrsg.): *Halliwell's Film Guide*, 11. Ausgabe, London 1995, S. 248.

[51] *zoom*, 5/1993.

[52] Verleihinformation zu AUS DER MITTE ENTSPRINGT EIN FLUSS.

[53] ebd.

[54] *US*, November 1992.

[55] *Sports Illustrated*, 77/1992.

[56] *TV Movie*, 1/1996.

[57] *Stern*, zit. nach Gong, 2/1996.

[58] *The New York Times*

[59] *The Wall Street Journal*

[60] *Baseline's Motion Picture Guide Review*, 1995.

[61] Chervel, Thierry: »Abgetrennte Körper, unversehrte Seelen« in: *Frankfurter Allgemeine Zeitung*, 29. Januar 1994.

[62] Schnelle, Frank zu TRUE ROMANCE in: *epd Film*, Februar 1994.

[63] Horst, Sabine zu TRUE ROMANCE in: *Frankfurter Rundschau*, 28. Januar 1994.

[64] Heuer, Otto zu TRUE ROMANCE in: *Rheinische Post*, 29. Januar 1994.

[65] Gunske, Volker zu TRUE ROMANCE in: *tip*, 3/1994.

[66] Pavlovic, Milan zu TRUE ROMANCE in: *Kölner Stadt-Anzeiger*, 29. Januar 1994.

[67] Mundy, Chris: »Slippin' on the Road with Brad Pitt« in: *Rolling Stone*, 1. Dezember 1994.

[68] ebd.

[69] Henning, Peter: »Ein Junge namens River« in: *Frankfurter Rundschau*, 20. Mai 1995.

[70] Mundy, Chris: »Slippin' on the Road with Brad Pitt« in: *Rolling Stone*, 1. Dezember 1994.

[71] Zitiert nach: »Brad Pitt & The Big Boys of Hollywood« von *Tiger Beat*, März 1996.

[72] Verleihinformation zu INTERVIEW MIT EINEM VAMPIR, München 1994.

[73] Zitiert nach: Mooney, Josh: »Brad Pitt – Thief of Hearts« in: *Cosmopolitan* (USA), 11/1995.

[74] ebd.

[75] Mundy, Chris: »Slippin‹ on the Road with Brad Pitt« in: *Rolling Stone*, 1. Dezember 1994.

[76] ebd.

[77] ebd.

[78] Zitiert nach: »Brad Pitt & The Big Boys of Hollywood« von *Tiger Beat*, März 1996.

[79] Walker, John (Hrsg.): *Halliwell's Film Guide*, 11. Ausgabe, London 1995, S. 583.

[80] Walker, Alexander zu INTERVIEW MIT EINEM VAMPIR, London Evening Standard, zit. nach: Walker, John (Hrsg.): *Halliwell's Film Guide*, 11. Ausgabe, London 1995, S. 583.

[81] Verleihinformation zu LEGENDEN DER LEIDENSCHAFT, München 1995.

[82] ebd.

[83] ebd.

[84] Bunte, 23/1995.

[85] Heib, Marina zu LEGENDEN DER LEIDENSCHAFT in: *Kino*, 4/1995.

[86] *Kölner Stadt-Anzeiger*, 28. Juli 1995.

[87] Groß, Sabine zu LEGENDEN DER LEIDENSCHAFT in: *Brigitte*, 8/1995.

[88] Johnson, Brian D. zu LEGENDEN DER LEIDENSCHAFT in: *MacLean's*, 4/1995.

[89] *Rolling Stone*, 26. Januar 1995.

[90] Bowie, David: »Ich bin eine Frage« in: Der *Spiegel*, 47/1995.

[91] Kruttschnitt, Christine zu SIEBEN in: *Stern*, 22/1995.

[92] Schifferle, Hans: »Nicht der Teufel, nur ein Mensch« zu Sieben in: *Süddeutsche Zeitung*, 23. November 1995.

[93] Knoff, Julian: »The Road To Hell« zu SIEBEN in *Shivers*, 26/1995.

[94] Verleihinformation zu TWELVE MONKEYS, München 1996.

[95] Zitiert nach: Mooney, Josh: »Brad Pitt – Thief of Hearts« in: *Cosmopolitan* (USA), 11/1995.

Literaturangaben

Allegra, Bravo, Bunte, Cosmopolitan (USA), *epd Film, filmdienst, Frankfurter Allgemeine Zeitung, Frankfurter Rundschau, Gong, Kino, Kölner Stadt-Anzeiger, L.A. Times, London Evening Standard, MacLean's, multimedia, New York Daily News, The New York Times, People, People Weekly, Premiere* (Frankreich), *Rheinische Post, Rolling Stone, Shivers, Der Spiegel, Stern, Süddeutsche Zeitung, Time, tip, TV Movie, TV&Movie Screen/Tiger Beat, US, US-Journal, US News And World Report, Vanity Fair, Variety, The Wall Street Journal, zoom.*

Bildnachweis

Archiv des Autors: 8, 11, 13, 14, 15, 17, 18, 22 (rechts), 23, 26, 30, 32, 33, 52, 54, 55, 57, 60, 63, 65, 66, 74, 75, 77, 79, 91, 100, 103 (2), 104, 105, 106, 109, 110, 112, 114, 115, 117, 118, 120, 121, 122, 125, 126, 128, 134

Bildarchiv Engelmeier: 37, 38, 40, 46, 47, 49, 59, 61, 67, 69, 70, 71, 82, 84, 88, 89, 92, 93, 98

action press/OMEGA: 20 (2), 22 (links), 34

action press/Arroyo: 130

action press/All Action: 133

Pandis Media/Andrew Murray/Sygma: 27

Pandis Media: 29

Pandis Media/Sygma: 42, 43, 44

Pandis Media/Ron Galella/Sygma: 86

Pandis Media/François Duhamel/Sygma: 95,96

Register

Kursiv gedruckte Seitenzahlen verweisen auf die Bildlegenden.

1931